四特 教育系列丛书 SITEJIAOYUXILIECONGSHU

与学生谈自我教育

《"四特"教育系列丛书》编委会　编著

吉林出版集团股份有限公司
全国百佳图书出版单位

图书在版编目 (CIP) 数据

与学生谈自我教育／《"四特"教育系列丛书》编委会
编著 . —长春：吉林出版集团股份有限公司，2012.4
（"四特"教育系列丛书／庄文中等主编 . 与学生谈生
命与青春期教育）
ISBN 978-7-5463-8651-5

I . ① 与… Ⅱ . ① 四… Ⅲ . ① 自我教育－青年读物 ② 自我
教育－少年读物 Ⅳ . ① G44-49

中国版本图书馆 CIP 数据核字（2012）第 044104 号

与学生谈自我教育
YU XUESHENG TAN ZIWO JIAOYU

出 版 人	吴　强	
责任编辑	朱子玉　杨　帆	
开　　本	690mm×960mm　1/16	
字　　数	250 千字	
印　　张	13	
版　　次	2012 年 4 月第 1 版	
印　　次	2023 年 2 月第 3 次印刷	

出　　版	吉林出版集团股份有限公司
发　　行	吉林音像出版社有限责任公司
地　　址	长春市南关区福祉大路 5788 号
电　　话	0431-81629667
印　　刷	三河市燕春印务有限公司

ISBN 978-7-5463-8651-5　　　　　定价：39.80 元

前　言

　　学校教育是个人一生中所受教育最重要组成部分,个人在学校里接受计划性的指导,系统地学习文化知识、社会规范、道德准则和价值观念。学校教育从某种意义上讲,决定着个人社会化的水平和性质,是个体社会化的重要基地。知识经济时代要求社会尊师重教,学校教育越来越受重视,在社会中起到举足轻重的作用。

　　"四特教育系列丛书"以"特定对象、特别对待、特殊方法、特例分析"为宗旨,立足学校教育与管理,理论结合实践,集多位教育界专家、学者以及一线校长、老师们的教育成果与经验于一体,围绕困扰学校、领导、教师、学生的教育难题,集思广益,多方借鉴,力求全面彻底解决。

　　本辑为"四特教育系列丛书"之《与学生谈生命与青春期教育》。

　　生命教育是一切教育的前提,同时还是教育的最高追求。因此,生命教育应该成为指向人的终极关怀的重要教育理念,它是在充分考察人的生命本质的基础上提出来的,符合人性要求,是一种全面关照生命多层次的人本教育。生命教育不仅只是教会青少年珍爱生命,更要启发青少年完整理解生命的意义,积极创造生命的价值;生命教育不仅只是告诉青少年关注自身生命,更要帮助青少年关注、尊重、热爱他人的生命;生命教育不仅只是惠泽人类的教育,还应该让青少年明白让生命的其它物种和谐地同在一片蓝天下;生命教育不仅只是关心今日生命之享用,还应该关怀明日生命之发展。

　　同时,广大青少年学生正处在身心发展的重要时期,随着生理、心理的发育和发展、社会阅历的扩展及思维方式的变化,特别是面对社会的压力,他们在学习、生活、人际交往和自我意识等方面,都会遇到各种各样的心理困惑或问题。因此,对学生进行青春期健康教育,是学生健康成长的需要,也是推进素质教育的必然要求。青春期教育主要包括性知识教育、性心理教育、健康情感教育、健康心理教育、摆脱青春期烦恼教育、健康成长教育、正确处世教育、理想信念教育、坚强意志教育、人生观教育等内容,具有很强的系统性、实用性、知识性和指导性。

　　本辑共20分册,具体内容如下:

　　1.《与学生谈自我教育》

　　自我教育作为学校德育的一种方法,要求教育者按照受教育者的身心发展阶段予以适当的指导,充分发挥他们提高思想品德的自觉性、积极性,使他们能把教育者的要求,变为自己努力的目标。要帮助受教育者树立明确的是非观念,善于区别真伪、善恶和美丑,鼓励他们追求真、善、美,反对假、恶、丑。要培养受教育者自我认识、自我监督和自我评价的能力,善于肯定并坚持自己正确的思想言行,勇于否定并改正自己错误的思想言行。要指导受教育者学会运用批评和自我批评这种自我教育的方法。

　　2.《与学生谈他人教育》

　　21世纪的教育将以学会"关心"为根本宗旨和主要内容。一般认为,"关心"包括关心自己、关心他人、关心社会和关心学习等方面。"关心他人"无疑是"关心"教育的最为重要的方面之一。学会关心他人既是继承我国优良传统的基础工程，也是当前社会主义精神文明建设的基础工程，是社会公德、职业道德的主要内容。许多革命伟人，许多英雄模范，他们之所以有高尚境界，其道德基础就在于"关心他人"。本书就学生的生命与他人教育问题进行了系统而深入的分析和探讨。

3.《与学生谈自然教育》

自然教育是解决如何按照天性培养孩子，如何释放孩子潜在能量，如何在适龄阶段培养孩子的自立、自强、自信、自理等综合素养的均衡发展的完整方案，解决儿童培养过程中的所有个性化问题，培养面向一生的优质生存能力、培养生活的强者。自然教育着重品格、品行、习惯的培养；提倡天性本能的释放；强调真实、孝顺、感恩；注重生活自理习惯和非正式环境下抓取性学习习惯的培养。

4.《与学生谈社会教育》

现代社会教育是学校教育的重要补充。不同社会制度的国家或政权，实施不同性质的社会教育。现代学校教育同社会发展息息相关，青少年一代的成长也迫切需要社会教育密切配合。社会要求青少年扩大社会交往，充分发展其兴趣、爱好和个性，广泛培养其特殊才能，因此，社会教育对广大青少年的成长来说，也其有了极其重要的意义。本书就学生的生命与社会教育问题进行了系统而深入的分析和探讨。

5.《与学生谈创造教育》

我们中小学实施的应是广义的创造教育，是指根据创造学的基本原理，以培养人的创新意识、创新精神、创造个性、创造能力为目标，有机结合哲学、教育学、心理学、人才学、生理学、未来学、行为科学等有关学科，全面深入地开发学生潜在创造力，培养创造型人才的一种新型教育。其主要特点有：突出创造性思维，以培养学生的创造性思维能力为重点；注重个性发展，让学生的禀赋、优势和特长得到充分发展，以激发其创造潜能；注意启发诱导，激励学生主动思考和分析问题；重视非智力因素。培养学生良好的创新心理素质；强调实践训练，全面锻炼创新能力。本书就学生的生命与创造教育问题进行了系统而深入的分析和探讨。

6.《与学生谈非智力培养》

非智力因素包含：注意力、自信心、责任心、抗挫折能力、快乐性格、探索精神、好奇心、创造力、主动思索、合作精神、自我认知……本书就学生的非智力因素培养问题进行了系统而深入的分析和探讨，并提出了解决这一问题的新思路、可供实际操作的新方案，内容翔实，个案丰富，对中小学生、教师及家长均有启发意义。本书体例科学，内容生动活泼，语言简洁明快，针对性强，具有很强的系统性、实用性、实践性和指导性。

7.《与学生谈智力培养》

教师在教学辅导中对孩子智力技能形成的培养，应考虑智力技能形成的阶段，采取多种教学措施有意识地进行。本书就学生的智力培养教育问题进行了系统而深入的分析和探讨，并提出了解决这一问题的新思路、可供实际操作的新方案，内容翔实，个案丰富，对中小学生、教师及家长均有启发意义。本书体例科学，内容生动活泼，语言简洁明快，针对性强，具有很强的系统性、实用性、实践性和指导性。

8.《与学生谈能力培养》

真正的学习是培养自己在没有路牌的地方也能走路的能力。能力到底包括哪些内容？怎样培养这些能力呢？本书就学生的能力培养问题进行了系统而深入的分析和探讨，并提出了解决这一问题的新思路、可供实际操作的新方案，内容翔实，个案丰富，对中小学生、教师及家长均有启发意义。本书体例科学，内容生动活泼，语言简洁明快，针对性强，具有很强的系统性、实用性、实践性和指导性。

9.《与学生谈心理锻炼》

心理素质训练在提升人格、磨练意志、增强责任感和团队精神等方面有着特殊的功效，作为对大中专学生的一种辅助教育方法，不仅能够丰富教学内容，改革教学模式，而且能使大学生获得良好的体能训练和心理教育，增强他们的社会适应能力，提高他们毕业之后走上工作岗位的竞争力。本书就学生的心理锻炼问题进行了系统而深入的分析和探讨。

10.《与学生谈适应锻炼》

适应能力和方方面面的关系很密切，我认为主要有以下几个方面：社会环境、个人经历、身体状况、年龄性格、心态。其中最重要是心态，不管遇到什么事情，都要尽可能的保持乐观的态度从容的心态。适应新环境、适应新工作、适应新邻居、适应突发事件的打击、适应高速的生活节奏、适应周边的大悲大喜，等等，都需要我们用一种冷静的态度去看待周围的事物。本书就学生的社会适应性锻炼教育问题进行了系统而深入的分析和探讨。

11.《与学生谈安全教育》

采取广义的解释，将学校师生员工所发生事故之处，全部涵盖在校园区域内才是，如此我们在探讨校园安全问题时，其触角可能会更深、更远、更广、更周详。

12.《与学生谈自我防护》

防骗防盗防暴与防身自卫、预防黄赌毒侵害等内容，生动有趣，具有很强的系统性和实用性，是各级学校用以指导广大中小学生进行安全知识教育的良好读本，也是各级图书馆收藏的最佳版本。

13.《与学生谈青春期情感》

青春期是花的季节，在这一阶段，第二性征渐渐发育，性意识也慢慢成熟。此时，情绪较为敏感，易冲动，对异性充满了好奇与向往，当然也会伴随着出现许多情感的困惑，如初恋的兴奋、失恋的沮丧、单恋的烦恼等等。中学生由于尚处于发育过程中，思想、情感极不稳定，往往无法控制自己的情绪，考虑问题也缺乏理性，常常会造成各种错误，因此人们习惯于将这一时期称作"危险期"。本书就学生的青春期情感教育问题进行了系统而深入的分析和探讨。

14.《与学生谈青春期心理》

青春期是人的一生中心理发展最活跃的阶段，也是容易产生心理问题的重要阶段，因此要关注心理健康。本书就学生的青春期心理教育问题进行了系统而深入的分析和探讨，并提出了解决这一问题的新思路、可供实际操作的新方案，内容翔实，个案丰富，对中小学生、教师及家长均有启发意义。本书体例科学，内容生动活泼，语言简洁明快，针对性强，具有很强的系统性、实用性、实践性和指导性。

15.《与学生谈青春期健康》

青春期常见疾病有，乳房发育不良，遗精异常，痤疮，青春期痤疮，神经性厌食症，青春期高血压，青春期甲状腺肿大，甲型肝炎等。用注意及时预防以及注意膳食平衡和营养合理。本书就学生的青春期健康教育问题进行了系统而深入的分析和探讨，并提出了解决这一问题的新思路、可供实际操作的新方案，内容翔实，个案丰富，对中小学生、教师及家长均有启发意义。本书体例科学,内容生动活泼,语言简洁明快,针对性强,具有很强的系统性、实用性、实践性和指导性。

16.《与学生谈青春期烦恼》

青少年产生烦恼的生理原因是什么?青少年的烦恼有哪些?消除青春期烦恼的科学方法有哪些?本书就学生如何摆脱青春期烦恼问题进行了系统而深入的分析和探讨,并提出了解决这一问题的新思路、可供实际操作的新方案,内容翔实,个案丰富,对中小学生、教师及家长均有启发意义。本书体例科学,内容生动活泼,语言简洁明快,针对性强,具有很强的系统性、实用性、实践性和指导性。

17.《与学生谈成长》

成长教育的概念,从目的和方向上讲,应该是培育身心健康的、适合社会生活的、能够自食其力的、家庭和睦的、追求幸福生活的人;从内容上讲,主要是素质及智慧的开发和培育。人的内涵最根本的是思想,包括思想的内容、水平、能力等;外显的是言行、气质等。本书就学生的健康成长问题进行了系统而深入的分析和探讨,并提出了解决这一问题的新思路、可供实际操作的新方案,内容翔实,个案丰富,对中小学生、教师及家长均有启发意义。

18.《与学生谈处世》

处世是人生的必修课,从小要教给孩子处世的技巧,让孩子学会处世的智慧,这对他们的成长至关重要。本书从如何做事、如何交往、如何生活、如何与人沟通、如何处理自己的消极情绪等十个方面着手,力图把处世的智慧教给孩子,让孩子学会正确处理复杂的人际关系。本书体例科学,内容生动活泼,语言简洁明快,针对性强,具有很强的系统性、实用性、实践性和指导性。

19.《与学生谈理想》

教育是一项育人的事业,人是需要用理想来引导的。教育是一项百年大计,大计是需要用理想来坚持的。教育是一项崇高的事业,崇高是需要用理想来奠实的。学校没有理想,只会急功近利,目光短浅,不能真正为学生终身发展奠基;教师没有理想,只会自怨自艾,早生倦怠,不会把教育当作终身的事业来对待。学生没有理想,就没有美好的未来。本书就学生的理想信念问题进行了系统而深入的分析和探讨,并提出了解决这一问题的新思路、可供实际操作的新方案,内容翔实,个案丰富,对中小学生、教师及家长均有启发意义。

20.《与学生谈人生》

人生观是对人生的目的、意义和道路的根本看法和态度。内容包括幸福观、苦乐观、生死观、荣辱观、恋爱观等。它是世界观的一个重要组成部分,受到世界观的制约。本书就学生如何树立正确的人生观问题进行了系统而深入的分析和探讨,并提出了解决这一问题的新思路、可供实际操作的新方案,内容翔实,个案丰富,对中小学生、教师及家长均有启发意义。本书体例科学,内容生动活泼,语言简洁明快,针对性强,具有很强的系统性、实用性、实践性和指导性。

由于时间、经验的关系,本书在编写等方面,必定存在不足和错误之处,衷心希望各界读者、一线教师及教育界人士批评指正。

编者

目　录

第一章

生命教育的教学指导

1. 学生树立自我生命观的意义

所谓"三生教育"即生命教育、生存教育和生活教育。生命教育是帮助学生认识生命、尊重生命、珍爱生命，促进学生主动、积极、健康地发展生命，提升生命质量，实现生命的意义和价值的教育；生存教育是帮助学生学习生存知识，掌握生存技能，保护生存环境，强化生存意志，把握生存规律，提高生存的适应能力和创造能力，树立正确生存观念的教育；生活教育是帮助学生了解生活常识，树立正确生活观念，确立正确的生活目标，养成良好生活习惯，追求个人、家庭、团体、民族和人类幸福生活的教育。

"三生教育"属于学校德育的范畴。其实质就是通过教育的力量，使受教育者树立正确的生命观、生存观、生活观的主体认知和行为过程。也就是要通过整合学校教育、家庭教育、社会教育的力量，激发学生的主体认知和行为实践，最终达到帮助学生树立正确的生命观、生存观和生活观的目标过程。

所谓人生观，就是对人生目的、意义的根本看法和态度。人生观是世界观的重要组成部分，是世界观在人生问题上的具体表现。它指导着人们的生活方向，影响着人们的道德品质和道德行为，决定着人们一生的价值目标和生活道路。

人生观的内容包括幸福观、苦乐观、荣辱观、生死观等。人生观要回答的基本问题是：人究竟为什么活着，人生的意义和价值是什么，人应当怎样度过自己的一生以及应当使自己成为一个什么样的人等等。由于在社会实践中所处的地位不同，人们对于人生的价值、生活的目的和意义等问题，有不同的观点和态度，形成不同的人生观。在阶级社会里，人生观具有鲜明的阶级性，不同的阶级有不同的人生观。

无产阶级的人生观同历史上剥削阶级的种种人生观根本不同，它批判地继承了人类一切进步人生观的合理成分，把人的生命活动历程看作是认识和改造客观世界的过程，把消灭资本主义、实现共产主义、为绝大多数人谋利益，看作是人生的崇高目的和最大幸福。人生的价值和意义在于对社会所尽的责任和所作的贡献，人生的最大价值和意义，在于努力为人民服务，无私地把自己的一切贡献给共产主义事业。无疑，这是极为正确的人生观。

人生观属于思想意识的范畴，它以观点、信念、理想、需要、动机、兴趣等具体形式，表现在人的个性的意识倾向中，而这种作为心理的稳定倾向的人生观，在人的整个心理活动中，处于主导的地位，对人的心理功能起着调节、支配的作用。

学生树立正确人生观的必要性

当代学生生活在复杂的社会环境中，所经历的事情瞬息万变，总会遇到许多大小各异的矛盾、挫折和冲突，给人带来烦恼与困扰。这时就必须充分发挥个体的主动积极性，通过自我调节和控制，提高心理健康水平，才能掌握与各种致病因素作斗争的主动权。这就要求学生必须学会树立正确的人生观。

人生观是对人生的价值、目的、道路等观点的总和，是对人生的根本看法。它不仅决定着一个人对周围事物的态度，而且调节人的行为、活动方向和进行方式。树立正确人生观，就能够为大众的利益识大体、顾大局、克己奉公，不会为个人得失而斤斤计较，不会陷入"自我中心"而难以自拔；就能够为崇高的理想，以顽强的意志克服遇到的各种困难，不被矛盾所困扰，不向挫折屈服，不为冲突而忧虑，努力学习，热爱生活，珍惜生命。

实际上，树立正确人生观，也是培养人的一种信念。在大千世界中，许多事情都不是以人的意志为转移的。但是信念对人的作用是不可低估的，它对人的潜能的发挥有着奇特的作用，信念在人们无能为力时显得尤为重要。具有坚定信念的人，无论是来自思想意识或宗教信仰，还是来自丰富的经验，都能在最恶劣的环境中取得最好的结果。

"三生教育"的本质是以人为本

党的十七大报告指出：科学发展观核心是以人为本。以人为本是历史唯物主义的一项基本原则。作为一种社会思潮和价值观念，古已有之。我国古代思想家早就提出"天地之间，莫贵于人"，充分强调了人的主体地位。

教育就是一个国家的未来，以人为本是现代大学教育的伟大使命，也是社会进步的象征。教育学中的以人为本强调的是"以人的发展特别是作为教育对象的具体的个人的和谐发展为根本"。如果说，人的本质力量是人的自觉自为，教育则凸现出对这个自觉自为生命体的不断生成与和谐完整发展的动力特性，这一特性要求我们今天的教育必须从传统的知识性教育向发展性教育转变。

在传统的教育思想中，似乎知识多就意味着人的水平高、能力强。这一观点的缺陷表面上看是将知识的增长与人的发展相混淆，实质上是人性关怀的缺失。它将知识当作教育的目的，颠倒了知识与人的关系。"三生教育"在本质上充分强调以人为本，其根本所在就是以人为尊，以人为重，以人为先。

"三生教育"以充分开发个体潜能为己任，以丰富的知识、完整健全人格的培养为目的，始终把学生的发展作为学校全部工作的出发点和落脚点。一方面，以育人为本，促进每一位学生的全面发展；另一方面，满足学生自身发展的需要，包括人格、尊严等方面的需求，以培养自主发展的创造性人才作为教育工作的主要目标。

心理学家威廉·杰姆士说："人类所有的情结中，最强烈的莫过于被人重视。"在教育观念上，"三生教育"以人为本的教育理念突出对学生的人文关怀，把学生看成有情感、有需要的"人"，而不是知识的"容器"和考试的"机器"。在教学过程中，尊重每个生命个体，无好坏优劣之分，挖掘每个生命体的特点和优点。通过挖掘学生潜能，提高学生潜质达到教育目标，善于发展学生的优点并帮助其提高，不唯成绩论、唯表现论，让每一个学生都有自己的发展空间。

学生进行"三生教育"的紧迫性

学生是一个特殊的群体，他们正在接受高层次的教育，是国家和民族的未来与希望。现在，在许多高校，我们不时听到的消息是：某所大学又有学生跳楼，某所高校又发生一起凶杀案，不可否认，随着知识层次的提高，也有越来越多的人存在着不同程度的心理问题，越来越多的生命因各种原因从大学校园里消失，而这些逝去的生命十有八九是正处于青春年华的学生。

这些生命的离去，对学生有没有什么触动？应该说基本没有，当代学生对同龄人的离去大多是漠不关心的，最多也是当成茶余饭后的谈资。很少去思考这个群体的安全，更没有想方设法去阻止这种现象的发生。

然而，仅仅责怪学生是不够的，最主要的应从教育体制和教育方法上找出缺陷和不足。所幸的是，近年来高校中屡屡出现的学生自杀现象，已引起了各级教学行政部门、各高校、家庭及社会各界的普遍关注。教育界已经充分认识到这已不仅仅是一个社会问题，更是一个教育问题，加强对学生的生命教育已刻不容缓。

长期以来，我们的教育没有把学生领入生命领域的探寻和思索，生命到底意味着什么，生命对自身、对家人和朋友、对社会究竟具有怎样的意义，教育者和课堂都没有告诉学生。高等教育尚缺乏足够的人文关怀和生命关怀。作为肩负重要育人任务的高等学校重视并切实实施生命教育，可以极大地帮助学生认识生命、尊重生命、珍爱生命，促进学生主动、积极、健康地发展生命，提升生命质量，充分实现生命的意义和价值。

为此，高校在"三生教育"活动中注重以人为本的理念，充分尊重学生的权利；在制度的制定和执行过程中要做到公平、公正、客观、科学；对违规学生的处理要抱着治病救人的态度，严而有情，严而有度，等等措施，都可以较好地唤起学生对生命、生存和生活的重新认知。

学校对学生开展挫折意识教育并开设"三生教育"课程，高校教育工作者要把"教书"与"育人"紧密结合起来，从学业、生活和情感等方面去关心学生，这样才可以更好地帮助学生认真审视生命的意义、学习生存的技能、确立生活的崇高目标。

有助于树立正确的人生观

"三生教育"是学校德育工作的重要方面，对当代学生正确人生观的形成具有现实而深远的意义，它对于学生确立正确的人生观有不可替代的作用。

当今社会，许多学生生命意识淡漠、生存技能低下、生活目标缺失，不仅对他们的健康成长造成了严重的威胁，给家庭与社会也带来极大的压力。

"三生教育"的积极开展，有利于让学生树立正确的生命观，培养他们对自己和他人生命珍惜和尊重的态度，增强爱心和社会责任感，使学生在人格上获得健全发展；有利于他们学习生存知识，掌握生存技能，保护生存环境，强化生存意志，把握生存规律，提高生存的适应能力、发展能力和创造能力，树立正确生存观。

同时，有利于他们了解生活常识，掌握生活技能，实践生活过程，获得生活体验，确立正确的生活观，追求个人、家庭、团体、民族、国家和人类幸福生活的教育。只有通过"三生教育"，正确引导学生珍爱生命、学会生存、享受生活，才能实现现代教育的目的。

当代青年学生，是祖国的未来和希望，肩负着祖国和人民的重托。在校学生面临着人生发展的最为关键的时期。时代要求当代学生要在学习生活各方面全方位面对和思考如何正确处理个体与社会的关系等一系列重大问题。

学会生存、学会学习、学会创造、学会奉献都是学生将来面向社会和生活所必须具有的最基本、最重要的品质。其中，核心的就是学会如何做人，学会做一个符合社会不断进步发展所需要的人格健全的人；学会做一个能正确处理人与人，人与社会，人与自然关系并使之能协调发展的人。这就要求每个在校学生，必须积极主动地接受"三生教育"，培养并牢固树立正确的人生观。

面对困难，保持乐观的态度；遇到逆境，不失去信心。在遭受挫折的时候，勇于迎接挑战、战胜自己、超越自我，唯有如此才能充分展示青春的魅力，使生命更有价值和意义。

2. 教育学生珍惜生命关爱自我

学生自杀是一个社会问题，它的原因是多方面、多层次的，并不是如一般人们最后看到的某一事件所导致，每个个案都有各自不同的因素，根源在于长期的负性累积，最后因无法承受才采取自杀行为。

学生不珍惜生命的原因

人们事后所分析的自杀原因，如情感问题、学业问题、经济问题可能只是导火索。从外界方面原因来看，学生自杀主要可以归结为以下六大方面：

（1）社会的影响。

当前社会是一个变革中的社会，人们的思想理念、利益分配、生活方式也发生了剧变，当代学生成为这些变革的直接承受者。这种变化主要体现在两个方面：

一方面是就业压力的增大。过去学生就业统一由国家包分配，"皇帝女不愁嫁"。现在就业市场竞争激烈，"双向选择"对人的综合素质要求提高了。学生一入学就考虑毕业找工作的事：社会会不会挑选我，我需要什么能力来让社会挑选我。

面对即将踏入竞争激烈的社会，不少学生都会有一定程度的心理恐慌。学生一旦到大学，发现十几年的辛勤付出苦读并不能从社会中获得个做大事、当大官、挣大钱的位置和机会。这种心理上的落差，使得很多学生产生了一种价值观上的失衡，而产生了焦虑、抑郁等等一系列的心理问题。

另一方面，现在的时代是一个急剧变化的时代，有着太多不可知的因素，对社会的判断、评判都会产生相对性观念，而没有一个"终极"的概念。在这种极度不稳定的社会状态下，人生的事情变成每一天、每一件具体的事情。

在很多学生，包括成年人的眼里，找到恋人、找到一份好的工作，每一件眼前能把握的事情就成了生活的全部，一旦失恋、就业受挫，就什么意义都找不到了。这种对未来的茫然和不确定感，往往使得很多学生感受不到生命的真正意义，而容易选择极端的解决方式。

（2）家庭的影响。

现在绝大多数孩子都是家里的"独苗"，父母们对孩子成材都有较高的期待，这都给孩子带来很多有形的和无形的压力。这些压力，在很多情况下都超过了年轻的他们所能承担的范围。很多时候原本是一次小小的失败，在父母的压力下，也会让他们产生了更强的挫败感，对自己进行全盘否定。

这一代的孩子，家庭和学校为他们设置了过于优越的环境，很多孩子从小到大没吃过什么苦，也没经历过什么挫折，过于顺遂的人生其实是一种变相的社会隔绝，造成他们认识的社会和身受的社会有着巨大的差异，不适应、怀疑、对抗等等现象层出不穷，面对一些失败和不适应时他们的应对能力也远远不够，因而他们的心理问题最多。而大部分的家长，更多的是关注孩子的身体健康、物质条件的满足，而缺乏与孩子内心的交流，因此，一旦孩子遇上问题，很难从家庭中获得支持。

（3）学校的因素。

遇到打击、挫折，就选择终结生命作为一种解决方式，除了学生本身的心理的脆弱外，还跟学校、家庭对青少年缺乏生命教育有关。据介绍，国外从初中阶段开始就有了关于死亡教育的课程，教育学生用客观的态度看待死亡现象，从而珍惜生命。而这方面的教育在我国目前是一片空白。

各种问题长期积累，而大学则恰恰提供了矛盾集中爆发的舞台。一进大学，周围的环境突然复杂起来，职业、学业、事业、人际交往、恋爱，所有成人必须面对的问题都接踵而至，学生在获得自由的同时也必须学会独立做出选择，独立承担后果，这种变化使得很多学生无法适应，在心理上还完全不成熟的他们，却要面对和成年人一样的甚至更多的问题，在这样的情况下原本就有心理问题的学生，会产生更多更大的问题。

（4）性格因素。

自杀的人一般性格都比较内向，具有自卑、依赖性强、情绪不稳、固执、敏感多疑、心理闭锁等性格特征。这种偏执性人格，常会导致当事人对事物产生歪曲的认识以及消极悲观的情绪。此外，青少年缺乏责任感，以自我为中心的通病是使他们产生轻生念头并最终走向自杀的原因。

（5）认知因素。

学生自杀往往是错误地评估世界、错误地评估自己。心理问题的出现，也是由于这些情况的长期存在而又得不到及时有效地自我调整造成的。常易出现的认知歪曲有"绝对化思维"，这是指非好即坏、非此即彼的思维模式，例如"如果我不能使男朋友回心转意，就没有活下去的意义"。这种思维方式，没有中间缓冲余地和其他任何抉择，大多数人具有调节或忽视绝对化思维的能力，但自杀者缺乏这种灵活性。

（6）行为因素。

心理学研究发现，有自杀倾向或自杀未遂的学生，他们在问题解决技巧上较少有信心，在问题解决的尝试上较少有系统性和主动性，在问题情境上感到控制能力薄弱。且在问题解决上较为被动，较少主动，趋向于让问题自行解决或在解决上依赖他人。

灵活变通性较少，做出对解决问题的努力较少，较少考虑到将来和他人。一个问题解决能力有缺陷的人，当遇到负性生活事件时，就有可能产生无能、无助感而逃避现实选择自杀。此外，还有一些因素容易引起学生的自杀行为：比如天气因素，春季是心理健康患症高发期，自古就有"菜花黄，人癫狂"的俗语，春天属于生发季节，容易引起"伤春情绪"。

人对爱情的强烈反应，尤其是情人节前后，如果一个人在这种气氛下感情受挫，或者引起一定的困惑，若处理不好，意志力不够坚强，就会走向极端。同时，他人的自杀行为确实会给一些想自杀的人暗示、鼓励和支持，原来不敢做现在却可能敢做。他会认为这是一种解决问题的办法，因此发生效仿行为。

加强生命教育的办法

自杀是一种社会现象，只要这种现象存在就难以避免它在高校中出现，重要的是尽可能让这种现象降到最低限度。清华大学党委副书记陈旭说："不能因为危机概率始终存在就可以放松工作。每一个学生生命的逝去，无论是对家庭还是学校和国家都是非常大的损失。只要我们工作做到位，危机就可能化解。基础工作做好了，就可以降低变成危机的可能性。珍爱呵护每一个学生的生命是大学的责任。"具体来说，我们可以从以下几个方面加以努力：

（1）加强学生心理卫生教育。

在学生中宣传普及各种有关心理卫生知识是防止学生自杀的一个有效的办法。它主要讲授学生的心理特点、学生心理卫生和心理咨询等有关内容；提高学生对青年期心理特点的认识，帮助他们了解和掌握人格顺应和情绪控制的基本规律，教给他们有关青年期心理适应的技巧，如合理的宣泄、代偿、转移、升华等，使其应付挫折的能力得到提高。

（2）开展心理健康主题教育。

我们在掌握学生基本心理发展特点和需求的基础上，针对不同年级的特点，开展具有鲜明年级特色的心理辅导主题教育，形成以"适应篇"、"加速篇"、"缓冲篇"和"冲刺篇"为主要环节的心理健康教育四年规划，指导班级开展四年健康成长规划活动。

（3）开展丰富的活动。

我们要加强校园精神文明建设，丰富学生课余的文化娱乐生活；大力开展各类文体活动，培养学生奋发向上、积极进取的敬业精神；

开展各种学术活动，形成浓厚的校园学术风气；组织学生积极参加社会实践活动，在实践中引导他们正确地看待社会、看待人生。

（4）鼓励学生关爱自己和他人。

学生在生活或学习的过程中，遇到了困难或挫折，有的可以自我调节成功，化压力为动力，但有些则不能，如果此时仍没人分担其问题，就会产生自杀的冲动。

面对这些冲动，自我控制能力较好的人，能够尽量把冲动降低到最小，通过向人倾诉等方式来缓解自己的压力，而自我控制能力较差的人，往往在重大挫折的诱导下酿成悲剧，所以学生要学会关爱他人。在同学遇到困难或重大挫折时，即使不能给他提供解决问题的办法，也可以给予合适的安慰并寻找缓解对方压力的途径。

3. 唤起学生对生命的自我尊重

素质教育应该越来越多的把目光关注到学生自身问题上。当在课堂上不断变化策略时、当在教学中分层给予关注时、当不断强化学生的主动意识时，总能发现学生游离的眼神、转瞬即逝的热情、等待答案的焦虑和写了一半的作业。是什么影响了学生乐学的情绪、求学的急切？那就是学生对自己生活的态度、对自身发展的关注，即生命的自我尊重。

用情感教育唤醒生命的自我尊重

脑科学研究表明：大脑是三位一体的，其中脑干存在着人的基本生命活动中枢。它的上面是第二层脑，称之为"边缘系统"，边缘系统的顶部是大脑皮层。其中，边缘系统是人的情感中心。

目前这一部分在学习中的作用越来越受到人们的重视。在边缘系统的底部、脑干的上端，有两个形似杏仁的神经细胞核团，即杏仁核，它专司情绪事务。它在大脑整体结构中作为情绪前哨，占据优势，有能力造成大脑神经中枢"短路"。

也就是说，眼、耳等感觉通道传递的信息可以首先进入丘脑，进入新皮层，在这里加工处理充分领悟做出反应，是"理性记忆及反应"；如果信息进入丘脑后，经突触到达杏仁核，杏仁核就可以抢先在新皮层之前做出反应，是"情绪记忆及反应"。当情绪唤起带有某种力量时，杏仁核就更倾向于把这样的时刻印在脑子里。

由此我们得到启示，可以充分利用杏仁核的情绪记忆，加强课堂教学中的情感教育。对学科和任课教师的喜爱，对情景产生的共鸣，会使学生产生积极的情感，有利于把智力活动由最初的简单兴趣引向热情而积极的思考，从而提高教学效率，为培养创新型、研究型的人才奠定基础。

美国著名心理学家费里得曼曾说过："如果孩子总是被责备，他就会失去耐心，如果他常常被夸奖，他就会对未来充满美好憧憬，爱你、爱我、爱整个世界。"所以，唤起生命的自我尊重，需要教师在设计活动、创设情境时更关注学生情绪的调动与认同，更关注学生的情感体验。

用理想教育唤醒生命的自我尊重

今天的教育提倡"以人为本"，这里的"人"，应该是具有独立人格的人。只有当人们把自身的发展作为目的本身时，人类真正主体性才开始形成。教育也只有在真正以具有独特自我意识、自我判断能力的个人为本的基调下，才谈得上体现"为了每一个学生的发展"。

因此，以人为本的道德教育是一种赋予人自身以发展动力的教育，而不是使人只是受动于社会、受制于客体，但是这与理想和信念教育并不矛盾。一个有自我意识的个体只有在社会中得到承认与赞赏才能体验到自身价值，一个有自我意识的个体只有将个人理想与集体、社会理想相结合才能迸发出无穷的力量，才能有肯于吃苦、敢于拼搏的毅力。

因此，在当今的学校教育中应坚持以德育为首，德育不仅仅是为教学保驾护航，完成简单的学生纪律管理工作，而是作为理想教育的主阵地，大张旗鼓地进行理想教育。当然，理想教育要有适合不同年龄学生的高度和切入点，只有把爱国的热情分解为爱父母、爱家人、爱班级、爱学校的真情实感，才能把建设小家的激情转化为建设国家的责任。

对于青少年而言，有了理想、有了目标就有了生活的重心，动力会越来越大，实现理想的欲望也会越来越强。也只有承载着这样热情与理想的生命才是对自我的尊重。列夫·托尔斯泰曾经说过：理想是指路明灯，没有理想，就没有坚定的方向，而没有方向，就没有生活。

用优秀传统文化唤醒生命的自我尊重

中华民族的优秀传统文化中有很多思想精华，如"仁、义、礼、智、信"，能使我们以健康的心态适应纷繁复杂的社会变迁，同时对于指导个人处理好人与人、人与社会、人与自然的关系具有现实的指导意义。

这些内容只在思想品德课的个别章节中有简单表述，但却对学生树立科学的人生观、价值观，科学、客观地评价自身与事物，科学地调整自身情绪等都有着极为积极的意义和作用。

因此，作为教育工作者，不应仅仅把传统文化教育当作某个学科的教学任务，更应放在德育必要内容、学生价值观形成、人文修养提高、思想道德建设任务的高度去给予重视。当敬业乐群、诚实笃信、自强不息、舍生取义的种子在学生心里扎根发芽后，学生会自觉地用圣贤的言行来规范自己，潜移默化地影响自己，那萌发出的必定是成长的动力和一抹新绿。

4. 促进学生自我发展的生命教育方法

教育要以学生发展为本，最重要的是促进学生自我发展，教育的功能与作用就在于学生自我意识的唤醒和弘扬，在于学生自我发展意识与能力的培养和提高，从而实现人的可持续发展，这是当代教育发展的潮流。

学校要在德育工作中，高扬主体性教育的旗帜，关注学生的生命成长，充分激发学生生命个体的能动性、自觉性与创造性，使其在"自主"的基础上积极参与学校各项教育活动，分步实现个体或群体的"自我发展"。

把生命教育纳入学校工作

加强和改进未成年人思想道德建设，必须按照《中共中央国务院关于进一步加强和改进未成年人思想道德建设的若干意见》要求，坚持以人为本，遵循未成年人的身心特点和发展规律，一切为了未成年人的健康成长。

以人为本就是要满足人的需要，促进人的发展，人作为主体具有二重性，即自然属性和社会属性。这种二重性决定了人的生命的二重性，生命首先是生存、活着的状态，其次，人又是有意识的动物。生命是为了意义而存在的，前者是前提和基础，后者是目的和归宿。

因此，生命教育首先是珍爱生命的教育，包括引导学生认识生命，学会保护生命、尊重生命，更重要的是体悟人生的意义，追求人生的理想，这是生命教育的最终目标。

推行生命教育，一方面要求全体教师提升生命意识，培养生命情怀，从而热爱学生、关怀学生和赏识学生，创造一个温馨、和谐、充满生命活力的学生成长和发展的良好环境。另一方面，通过生命教育，让学生在珍视生命、保护生命的基础上，围绕理想的选择与生命远景的构建，去感受生命的价值，追求自我发展。

建设师生和谐发展的学校文化

学校文化之所以重要，是因为它反映了学校最本质的东西，学校不仅要注意科学知识教育，更要把人文教育与科学教育结合起来，使学生获得全面素质的提升和健康人格的培养。一所学校，如果达到了人与自然的和谐，人与人的和谐，校园就成了学生生命成长的乐园。

学校外部环境固然重要，但要形成学校自己的文化特色，更重要的是群体内部的人文环境。在"促进人的可持续发展"的办学理念的引领下，处处从人的发展这个角度出发，努力创造"竞争、和谐、互动、发展"的文化，让每个人在宽松和谐的气氛中学习、生活、工作。

这种和谐的校园文化氛围，对每个学生的人格及道德品质的发展具有潜移默化的作用。理解、尊重、关心、爱护可以最大限度地使学生感受到身心愉悦，从而去体验生命的意义，保障健康成长。

教育是生命教育的主要内容

生命贯穿人生，生命教育是终身教育。学校开展生命教育，让学生始终感受到生命的珍贵及其意义，不断提升生命成长的质量意识，从而更加热爱生命、热爱生活、追求理想、实现理想。因而在内容安排上，主要有：

（1）生命与安全教育。

生命教育首先是安全教育，没有生命的安全就没有人的发展，加强生命与安全教育是开展生命教育的基础。要求全体教职工特别是班主任在关注学生学业的同时，加强生命与安全教育，包括饮食安全、运动安全、交通安全、用电安全以及突发事件的预防与应急处理等，让学生学会各种生存的知识、方法和遇到各种生存危机的处理方法及逃生的本领，提高自我防护意识与技能。

（2）生命与健康教育。

如何引导学生增强耐挫力和容忍度，乐观面对命运的挑战，活出人生的精彩，在加强体育与健康、卫生与健康等教育的基础上，加强心理健康教育刻不容缓。

学校应该率先把心理健康教育课纳入学校的课程设置，比较系统地向学生传授青少年发展心理学知识，使学生对自身的心理发生、发展过程及其规律有一个基本的了解，对于解决学生中一般的心理问题起了一个重要的作用。每学期对学生的心理状态思想行为进行分析、排队，确定特殊学生名单，建立特殊学生档案，进行跟踪教育，通过心理辅导，确保其心理稳定、健康，顺利完成学业。

（3）生命与价值教育。

开展生命教育的意义不仅在于生物体的"活着"，更重要的是活出价值，体悟人生的意义，这是热爱生命的升华。把理想教育作为生命教育的动力，让学生懂得正确的理想能使他们更加欣赏生命、珍视生命，提升生命的意义和质量。

同时，在理想教育的过程中尊重学生的差异，以学生"自我发展周记簿"为载体，引导学生"自识、自省、自励、自律"，让每一次的成功与进步成为生命成长中的动力，从而通过认识自我，发展自我，最终走向自我发展。

5. 对学生进行心理健康教育的必要性

中小学开展心理健康教育，既是学生自身健康成长的需要，也是社会发展对人的素质要求的需要。《中共中央国务院关于深化教育改革全面推进素质教育的决定》明确指出，要"加强学生的心理健康教育，培养学生坚忍不拔的意志、艰苦奋斗的精神，增强青少年适应社会生活的能力"。为全面贯彻落实中央、国务院最近召开的全教会精神和《决定》精神，进一步加强中小学心理健康教育，现提出以下几点意见：

认识心理健康教育的重要性

当今世界科学技术飞速发展，国际竞争日趋激烈，我们要实现中华民族的伟大复兴，就必须努力培养同现代化要求相适应的数以亿计高素质的劳动者和数以千万计的专门人才。良好的心理素质是人的全面素质中的重要组成部分，是未来人才素质中的一项十分重要的内容。

当代中小学生是跨世纪的一代，他们正处在身心发展的重要时期，大多是独生子女。随着生理、心理的发育和发展、竞争压力的增大、社会阅历的扩展及思维方式的变化，在学习、生活、人际交往和自我意识等方面可能会遇到或产生各种心理问题。

有些问题如不能及时解决，将会对学生的健康成长产生不良的影响，严重的会使学生出现行为障碍或人格缺陷。他们的健康成长，不仅需要有一个和谐宽松的良好环境，而且需要帮助他们掌握调控自我，发展自我的方法与能力。

中小学心理健康教育是根据中小学生生理、心理发展特点，运用有关心理教育方法和手段，培养学生良好的心理素质，促进学生身心全面和谐发展和素质全面提高的教育活动；是素质教育的重要组成部分；是实施《面向 21 世纪教育振兴行动计划》，落实《跨世纪素质教育工程》，培养跨世纪高质量人才的重要环节。

因此，对中小学生及时有效地进行心理健康教育是现代教育的必然要求，也是广大教育工作者所面临的一项紧迫任务。各级教育部门的领导和学校校长、教师、家长要充分认识加强中小学心理健康教育的重要性，要以积极认真的态度对待这项教育工作。

开展心理健康教育的基本原则

中小学心理健康教育，是一项科学性、实践性很强的教育工作，应遵循以下一些基本原则：

根据学生心理发展特点和身心发展的规律，有针对性地实施教育。面向全体学生，通过普遍开展教育活动，使学生对心理健康教育有积极的认识，使心理素质逐步得到提高。关注个别差异，根据不同学生的不同需要开展多种形式的教育和辅导，提高他们的心理健康水平。以学生为主体，充分启发和调动学生的积极性。要把教师在心理健康教育中的科学辅导与学生对心理健康教育的主动参与有机结合起来。

心理健康教育的主要任务和实施途径

中小学心理健康教育的主要任务，对全体学生开展心理健康教育，使学生不断正确认识自我，增强调控自我、承受挫折、适应环境的能力；培养学生健全的人格和良好的个性心理品质。对少数有心理困扰或心理障碍的学生，给予科学有效的心理咨询和辅导，使他们尽快摆脱障碍，调节自我，提高心理健康水平，增强发展自我的能力。实施心理健康教育可通过以下一些途径：

（1）全面渗透在学校教育的全过程中。

在学科教学、各项教育活动、班主任工作中，都应注重对学生心理健康的教育，这是心理健康教育的主要途径。除与原有思想品德课、思想政治课及青春期教育等相关教学内容有机结合进行外，还可利用活动课、班团队活动，举办心理健康教育的专题讲座。对小学生也可通过组织有关促进心理健康教育内容的游戏、娱乐等活动，帮助学生掌握一般的心理保健知识和方法，培养良好的心理素质。

（2）开展心理咨询和心理辅导。

对个别存在心理问题或出现心理障碍的学生及时进行认真、耐心、科学的心理辅导，帮助学生解除心理障碍。建立学校和家庭心理健康教育沟通的渠道，优化家庭教育环境。

引导和帮助学生家长树立正确的教育观，以良好的行为、正确的方式去影响和教育子女。心理健康教育要讲求实效，把形式和内容有机地结合起来。具体方式和所需时间，各地可从实际出发，自行安排。

心理健康教育的师资队伍和条件保障

搞好师资队伍的建设，提高广大教师的心理健康水平，是保障心理健康教育正常、健康开展的重要条件。要积极开展对从事心理健康教育教师的专业培训。要把对心理健康教育教师的培训列入当地和学校师资培训计划。

通过培训，使从事心理健康教育的教师提高对心理健康教育重要性的认识，掌握进行心理健康教育所具备的知识和能力。通过培训取得证书的教师，还要有从事专职心理咨询教师资格认证。对专业知识和实际能力达不到要求的，绝不能随意安排做专职心理咨询教师。未配备合格心理咨询教师的学校，暂不开展心理健康教育。

学校要逐步建立在校长的领导下，以思想品德课和思想政治课教师、班主任和团、队干部为主体，以专兼职心理辅导教师为骨干，全体教师共同参与的心理健康教育工作体制。学校对每个教师都应提出重视对学生进行心理健康教育的要求，使教师树立关心学生心理健康的意识，要创设和构建一个心理健康教育的良好环境，学校的每一位教师都应成为学生的良师益友。

各级教育行政部门和学校要积极为心理健康教育创造必要的条件，大中城市具备条件的中小学要逐步建立和完善心理咨询室，加强心理健康教育的辅导，同时要加强心理健康教育的研究与科学管理。特别要注重心理健康教育课题研究，研究心理健康教育与德育、与人的全面发展和与各类学科教育的关系。

心理健康教育的组织领导

各级教育行政部门和学校要把中小学心理健康教育，作为深化教育改革，全面推进素质教育的一项重要工作。要制定心理健康教育的实施计划，研究和落实心理健康教育的办法和途径，积极稳妥地推进心理健康教育的开展。

中小学心理健康教育工作，由省、自治区、直辖市教育行政部门的德育处或基教处负责。各级教育行政部门都应有专人负责或分管中小学心理健康教育工作。各级教研部门要积极配合、支持搞好心理健康教育。

已经开展中小学心理健康教育的地方和学校，要在认真总结经验的基础上，进一步推进心理健康教育的开展和深入。目前还未开展教育的地方，要积极创造条件，教育部将制定中小学心理健康教育指导纲要，设立中小学心理健康教育咨询委员会，委托部分地区和高校开展心理健康教育课题的全面研究与实验，以加强对心理健康教育的指导。

心理健康教育需要注意的问题

心理健康教育尽管在一些地区已进行了多年的研究与实践，也取得了很好的经验，但发展很不平衡。目前就全国而言，这项工作还是刚刚起步，相当多的学校从思想认识、师资水平到必要的条件还难以适应开展心理健康教育的要求。

因此，各地既要积极创造条件，又要实事求是，从实际出发，有计划、有步骤地逐步开展这项教育。可在先行试点，总结经验的基础上逐步推开，不能一哄而起。

心理健康教育与德育工作有密切的联系，但不能用德育工作来代替，也不能取代德育工作。不能把学生的心理问题简单归结为思想品德问题。要注意防止心理健康教育医学化和学科化的倾向。不能把心理健康教育搞成心理学知识的传授和心理学理论的教育。除了教师辅导参考用书外，不要编印学生用教材，更不能要求学生统一购买教材。

在中小学心理健康教育过程中，要谨慎使用测试量表或其它测试手段，不能强迫学生接受心理测量。所用量表和测试手段一定要科学，不能简单靠量表测试结果下结论。对心理测试的结果，学生的心理问题要严格保密。

6. 青春期学生认识自我的教育方法

学生的认知水平和发展特点，主要提出了能够不断正确认识自我、悦纳生理变化、认识青春期心理，学习调节情绪，增强调控自我、承受挫折、适应环境的能力，形成乐观向上的精神状态，客观地评价自己，培养健全人格和良好个性品质等基本要求。

充分认识主动锻炼个性心理品质在社会适应和个人成长中的意义，以及"磨砺意志，陶冶情操，形成良好的学习、劳动习惯和生活态度"在个性的发展和完善中的重要性，进而引导学生讨论并学习增强自我修养的常用方法。从了解自我评价的重要性入手，通过讨论、交流掌握客观、全面认识和评价自己的方法，进而帮助学生形成比较清晰的自我整体形象。

少年期的三大生理变化

（1）性机能发育成熟。

从生理的角度讲，少年期也即青春发育期。孩子进入少年期后，性腺机能开始成熟和发生作用，第一、第二性征开始出现。第一性征主要指生殖器官的发育特征，女性主要是卵巢，男性主要是睾丸。

第二性征又叫副性征，主要指男女两性在发育时期从体态等方面表现出来的一些变化，如：男少年的声音变粗，甲状软骨开始增大，并且出现胡须；女少年的声音变高，乳腺形成，乳房突起，开始有月经，皮下脂肪增多等等。

性机能的发育成熟，对少年期学生的心理发展有着重大影响。一方面，它刺激了学生成熟意识的觉醒；另一方面，也给学生带来了很多异性交往和性心理卫生方面的问题。

（2）身体外形急剧变化。

少年期是学生的身体生长发育的第二个高峰时期。一个人的整个生长发育过程一般有两个高峰时期：第一个高峰时期是从出生到一岁左右，这个阶段儿童的身高体重增长得最快，身高一般从出生时的五十厘米左右长到七十至七十五厘米，差不多增长了百分之五十左右。体重从三四公斤增加到七八公斤，增加一倍左右。第二个高峰时期就在少年期，学生在这个时期身高、体重、胸围、头围、肩宽、骨盆等都在加速增长，似乎突然地长高、长大了，如：其身高平均每年增加七至十公分，体重平均每年增加三至五公斤。他们站在父母旁边，也不比父母矮多少了，甚至有的学生比父母还高出一点。体态的突变使他们开始意识到自己不再是小孩子了。

23

（3）体内机能迅速健全。

学生进入少年期后，性腺机能的逐渐完善和性激素的作用，对人体各器官、各系统的生长发育有着明显的作用。比如性激素促进了骨骼的成长与成熟。此时肌肉的增加也非常突出，肌肉变得坚实有力，体态日益健壮丰满。握力、肺活量、血压、脉搏、体温、血红蛋白、红血球等生理标志的变化，表明各器官、各系统的发育逐步趋向成熟。

在这个时期，大脑的内部结构复杂起来，大脑皮层的沟回组织和神经元细胞逐步完善，高级神经活动的兴奋和抑制过程逐步平衡，特别是内抑制机能逐渐发育成熟；大脑的功能开始从第一信号系统占优势很快转到第二信号系统占主导地位，为抽象逻辑思维的发展奠定了基础。体内机能迅速健全，特别是大脑和神经系统的基本成熟，为少年期学生心理的逐渐成熟提供了物质前提和可能性。

少年期的根本特征

少年期在人的一生中，无论在生理上或心理上都是一个急剧变化的关键时期。这个时期学生心理发展的特点，引起世界各国的生理学、心理学、教育学、社会学，以及伦理学界的重视。他们从不同侧面强调了少年期在人的成长中的重要性，并提出了少年期是"反抗期"、"危机期"、"飞跃期"、"烦恼期"、"孤独期"、"闭锁期"和"心理上的断乳期"等等的说法。

但是，这些说法仅仅是从某一侧面或角度谈到了这一时期学生的心理特点，没有揭示出少年期学生心理发展的根本特征。少年时期处于人生的过渡阶段，即从童年向青年过渡、从幼稚向成熟过渡、从不定型向定型过渡的时期，因而过渡性是少年期学生心理发展的根本特征。

而且，与人生的其他阶段相比较，少年期学生的心理发展具有变化大、周期短的特点，并且充满着依赖与独立、幼稚与成熟等种种错综复杂的矛盾。教师必须充分认识和掌握少年期过渡这一根本特点，并针对这一特点进行心理健康教育，促使其迅速、健康地完成这一过渡。

悦纳自己的生理变化

进入了青春发育期后，有些学生不习惯自己的身体急速地增高和性征的突然变化，害羞或腼腆起来；有的学生会认为自己的发育较晚，和别人不一样，产生忧虑、苦闷或者变成自卑、孤独；有些学生因性征的突变，而产生惊慌、不知所措；有的背后议论、耻笑同伴的突变，造成学生之间的矛盾和摩擦。

有的女学生因月经初潮，男学生由于梦遗，开始产生惊恐、焦虑，精神恍惚，但又不跟大人讲，很容易造成胡思乱想或沾染上一些坏习惯。所有这些情况都需要教师对他们进行专门的教育，传授必要的生理知识，给予必要的指导，使之能够正确对待自己的生理变化。

特别在当前父母对少年孩子不重视性知识教育的情况下，更有必要系统地进行生理和性知识的教育，从而使孩子避免盲目摸索和不良的好奇心，减少心理上的混乱与恐慌。

促进生理与心理的协调发展

生理与心理的协调发展是身心健康的基础和保证。在少年过渡时期，许多学生对自己生理和心理上发生的巨大变化，以及由此产生的心理矛盾，往往难以顺利适应，经常会产生心理上的困惑和行为上的问题。

因此，根据少年期学生的生理和心理发展的特点，进行有针对性的教育，促进生理与心理的协调发展，帮助学生迅速、健康地度过人生这一关键的发展时期，是学校心理健康教育的重要内容。

另外，在该项内容的教学中，可以适当介绍心理健康与生理健康的关系。任何心理活动的产生，都有其生理基础，心理上的每一变化，都能引起肌肉、心率、血压、呼吸、代谢和体温等方面的一系列复杂的生理变化。

例如，愤怒时，呼吸急促，心跳加快，血管收缩，血压升高；悲伤时，肠胃蠕动下降，消化液分泌减少，食欲锐减。这是因为，支配我们心理活动的神经系统的有关部位，同时也是我们体内各个器官、组织的支配者。所以，在我们皱眉、咬唇、瞪眼、切齿、掩面之时，身体内部也在"倒海翻江"。

由于心理的变化必然带来生理上的变化，因此，如果我们经常处于消极或紧张的心理状态之中，就可能使体内器官和组织陷于不正常的活动状态，久而久之造成心理生理紊乱，导致身心疾病。

知道青春期心理卫生常识，学会克服青春期的烦恼，调控好自己的心理冲动。青春期心理卫生常识可以围绕少年期的三大心理过渡和三大心理矛盾展开。

少年期的三大心理过渡

进入少年期，学生在心理上的发展，或由童年向青年的心理过渡，主要体现在以下三个方面：

（1）从依赖性向独立性过渡。

由于生理上的巨大变化，少年期的学生就开始逐渐摆脱对父母的依赖，独立性意向的发展日趋明显。小到生活料理，大到对个人前途、家庭中大事、社会上发生的重大事件，他们都不像以前那样只听从父母意见了，而要表明自己的意愿、看法、见解。这时他们反对父母像对待儿童一样对待他们，而愿意父母像对待大人一样以平等的态度对待他们，相信他们。

而且，学生从少年期开始，便进入一个喜欢怀疑和争论的时期。这时，他们对于父母的话开始不大听从了，对于书本上的结论，报纸、电台的某些报道也不随便轻信和盲从了，而是要批判地看待一切，有时还非与父母的看法不一样。这不是学生对父母的不尊重，而是他们向独立性过渡的表现。

（2）从"自我朦胧"向"自知之明"过渡。

与童年期相比较，学生的自我评价开始由"自我朦胧"向"自知之明"的水平过渡。其主要变化有三：

①从外在性向内在性过渡，即少年期学生的自我评价已不再以外部的行为表现为主，而是开始侧重于自己内在的世界，同时其评价内容也从具体向抽象发展。

②从情绪性向稳定性过渡，即由于自我评价的内在性和抽象性程度的提高，少年期学生的自我评价不再轻易地因一时一事而变化，具有了一定的稳定性。

③从依从性向独立性过渡，即少年期的学生已不再像童年时那样依从或看重父母和老师对自己的评价了，他们已能较独立地评价自己了。

（3）从幼稚向成熟过渡。

到了少年期，由于生理发育的逐步成熟和生活范围的日益扩大，学生的心理活动也逐渐从幼稚向成熟过渡。与童年期相比较，其变化主要表现在以下几个方面：

①认识从好奇性向探究性发展，即对各种事物的好奇已经不再满足于大人对之的一般性回答，而是逐渐升华为对事物的深入探究，并伴有钻研性和冒险性的实际行动。

②行为由模仿性向创造性发展，即不满足重复别人的动作而喜欢新异刺激，好标新立异，不愿墨守成规。

③生活愿望由空想向理想发展，即对自己长大了要做什么事、做什么人的志向不再是无根据的空想，而是开始接近或切合实际了。

④交友由自发性向选择性发展，即交朋友开始注重从爱好、兴趣、理想上加以选择了，而且学习成绩的好坏也成了交友的条件了。

⑤思维由具体形象向抽象逻辑发展，即抽象逻辑思维开始占有相对的优势，能够领会和掌握更多的抽象概念，能够理解一般事物的规律性及因果关系，并能够对较为复杂的问题做出恰当的判断和合乎逻辑的推理。

少年期的主要心理矛盾

学生进入少年期后，由于学习内容的深化，知识经验的增多，社会影响的扩大，他们在认识、情绪、意志以及个性心理特征上，比童年期都有了新的发展，但也出现了新的矛盾。其主要体现在以下三个方面：

（1）渴望独立与现实依赖的矛盾。

少年期是学生自我意识迅猛发展的时期。此时期，学生在心理上产生的最突出的变化，就是出现了"成人感"，意识到"我已经不是小孩子了"。他们希望父母像对待成年人一样地对待他们，而不希望父母还把他们当作小孩子看待，也不愿再受到小孩子般特殊的照顾。

因此，他们在心理发展上出现了摆脱父母照顾的"心理上的断乳"过程，即要成为独立的"大人"的过程。然而，这种"心理上的断乳"如同幼儿的断奶一样，并非易事，少年期的学生在心理上时常交织着渴望与现实的矛盾。

他们想独立自主，可自己又不具备独立自主的经济基础和物质条件；他们想摆脱对父母的依赖，可自己又不具备充分的生活自理能力；他们想让成人把他们当作大人看待，可自己的许多言行举止依然带有孩子气。以至于他们越是想摆脱父母，越是发现离不开父母的照料和帮助。

这种渴求独立和现实依赖的矛盾，使学生的心理上经常产生冲突、混乱和不安。为了消除这种矛盾冲突或求得心理上的平衡，他们常常以孩子气的行为方式对抗父母或成人，以显示自己不再是儿童。

例如，对父母的批评与责备，不管正确与否，都表现出愈来愈强烈的反抗情绪；故意与父母或成人"唱反调"，提出相反的主张或按相反的方式行事；不理会父母或成人的劝导，自作主张，"不撞南墙不回头"。当然，他们的反抗，更多的是以潜在的形式出现，如对父母在生活和教育上的安排，采取不关心、不表态、无所谓的态度等。

（2）心理闭锁与求得理解的矛盾。

学生进入少年期后，尽管内心世界变得更加丰富多彩了，但是心理活动的外在表露却开始失去了儿童的直爽、天真、单纯。他们不再像儿童那样经常向父母敞开自己心扉，而开始变得内向、闭锁起来。

虽然他们在生活上还依赖父母，但是他们倾吐知心话的对象已经不再是父母，也不是老师，而是同伴或朋友了。而且他们中的多数人认为，朋友比父母更知心。因此学生进入少年期以后，就希望有自己单独住的房间，希望有自己单独用的写字台、书橱或箱子，并且不愿意父母随便挪动自己的东西，还把自己的抽屉、箱子上加锁。

这种闭锁性，给学生带来了心理闭锁与求得理解的矛盾。与父母、老师之间"话不投机"，觉得他们都不能真正理解自己，使少年期学生心理上常有一种孤独感，时间一长就又产生了希望被人理解、渴求倾吐心声的强烈要求。这种希望被人理解、渴求倾吐心声需要，常常通过写日记、书信和选择最知心朋友上的方式来满足。写日记固然有好处，但它不能帮助少年出主意、想办法，不能做到思想、情感的交流，这种需要的满足只有求助于自己的知心朋友了。

少年期的学生都有若干知心的朋友，他们之间心贴得很近，几乎是无话不说的。对自己父母不能说的事，都在知心人那里畅通无阻地交谈。少年期学生的这一心理矛盾及其行为特点，如果不能被父母或成年人理解并通过适当的方式加以处理，便很有可能造成对学生的误解和感情上的隔阂，进而会影响学生的情感生活和社会适应。一些青春期常见的心理障碍，例如抑郁和焦虑，即同学生心理发展的这一矛盾有重要关系。

（3）性发育迅速成熟与性心理相对幼稚的矛盾。

从前述少年期学生身心发展的一般特点可以看到，初中阶段是性器官和性机能迅速发育成熟时期，性生理的迅速发育成熟必然带来性心理的发展变化。但由于学生心理过程和个性发展的限制，特别是在教育引导不够得力的情况下，使得他们的性心理发展表现出相对的幼稚性。

例如，随着性器官和性机能的发育成熟，少年期孩子在生理上开始出现了一些前所未有的急剧和显著的变化，大多数少年在感到兴趣和好奇的同时，对这些变化都会程度不同的感到不安、害羞，甚至产生恐惧及不知所措的心理，这正是性发育成熟与性心理幼稚的一种矛盾表现。

再如，性发育的成熟，使他们对异性产生了兴趣，开始关注异性，希望与异性交往，但不少中学生却往往表现出对异性的故意疏远或排斥，不与异性同学来往，嘲笑与异性同学交往的同伴，甚至不愿意男女生同桌。

还有，一些中学生中存在的"纸条恋爱"和朦胧状态下的"狂热初恋"，实际上也是性心理幼稚的一种表现。这种"纸条恋爱"和"狂热初恋"，带有很大的好奇和模仿成分。尽管陷入这种状态的中学生有时会认为自己对爱情是认真的、严肃的，不是"闹着玩儿的"，但他们对什么叫真正的爱情以及爱情所包含的社会责任和义务却一无所知或知之甚少。

因此，中学生的盲目早恋和冲动性异性交往行为，恰是他们性心理发展很不成熟的反映。中学生性发育迅速走向成熟与性心理相对比较幼稚的矛盾，是中学生心理健康教育中应当深刻认识的一个问题。

学会克服青春期烦恼

每个人在青春期的心理发展历程中，都要不同程度的经历一段"成长"、"自我觉醒"的烦恼。也就是说，当一个人步入青春期后，随着抽象逻辑思维、独立意识和自我意识的发展，往往不仅对周围事物开始形成自己批判性的见解，而且随着成熟的进程，已开始把自己当成被观察的对象，开始了自我审视和评价，希望自己有"自知之明"。

但是，他们由于此时的认知发展水平和自我认识能力还不够完善，所以对很多事物和现象还不能进行全面正确的认识和评价，特别是不能正确对待"理想自我"和"现实自我"之间的莫大差距。

这样，"自我觉醒"带给青春期少男少女的常常不是"成长的惊喜"，而往往是无尽的烦恼和苦闷，严重的还可能引发孤独、抑郁等消极情绪。因此，可以从"认清缘由，消除紧张"、"以人为镜，多作交往"、"理解父母，接受指导"等方面，帮助学生正确对待这种成长的烦恼，帮助学生减少"自我觉醒"中的痛苦和挫折感。

（1）调控心理冲动。

在帮助学生消除青春期烦恼的同时，还要教育学生调控心理冲动，特别是性心理的冲动。学生进入了青春期后，由于性的萌发和机体内部新出现的性激素的刺激作用，容易对异性产生好奇及倾慕等性心理活动，加之少年期的男女之间接触的机会日益增多，以及电影、电视

31

和文学作品中关于爱情描写的刺激日益增多，更容易引发他们对异性交往的向往甚至性的冲动。

然而，这阶段的少年道德观念还不完善，法制观念还很淡薄，不大懂得在异性交往中如何自制及尊重对方，不大清楚自己非正当的异性交往活动会导致什么严重后果，以致情感一冲动就忘乎所以，造成许许多多的社会问题。

因此，在对少年期学生进行青春期教育的同时，要特别强调道德、法制的教育，使他们在开始对异性发生爱恋之前，就知道对另一个人负有责任，知道相应的社会道德要求和法律规范。换句话说，道德的教育要走在性成熟之前，不然的话，就会导致少年犯罪。其中，在教育上特别要注意两点，一是教育学生学会如何与异性建立健康、正常的友谊关系，二是巧妙地教育学生认识婚前性行为的危害。

（2）理解情绪的多样性。

我们生活的这个世界是一个充满绮丽色彩的世界，这不仅因为太阳以其不同的光波把物质世界装饰得万紫千红，而且还因为我们每个人都以独特的喜、怒、哀、惧、爱、憎、忧使精神世界显得五彩缤纷。无论我们做什么、想什么、学什么，都伴随着情绪，都会染上情绪的色彩。

它可以使我们体验到欢乐、幸福，也可以使我们感受到痛苦、忧伤；它可以令我们奋发进取，也可以令我们畏缩不前；它可以使我们冷静清醒，也可以使我们冲动冒失；它可以让我们从容安详，也可以让我们紧张惶恐；它可以叫我们为自己笑、为别人乐，也可以叫我们为自己哭、为别人泣。

情绪为什么会有这种神奇的力量呢？情绪是我们对客观事物与自身需要关系的反映。人生在世，每时每刻都有这样或那样的需要，这些需要构成了我们活动的基本动力。在满足需要的过程中，我们必然要与周围的客观事物发生相互作用，并且会根据周围事物与我们自身需要的关系来确定我们的态度，进而产生带有某种特殊色彩的体验。因此，情绪活动总是出现在我们心理活动的前沿，它是我们需要是否满足、工作是否顺利、生活是否适宜的及时反应和信号。

我们遇事，情绪先被触发；我们做事，首先经受情绪体验的监察。此外，只要稍稍留神一下，还可以发现，我们生活中的许多旨在丰富人们精神生活的活动，也是由情绪维系着的。就拿文学艺术来说，它们就是主要通过各种形式的角色塑造，集中而典型的再现人们的情绪生活的。

作家、画家、音乐家、雕塑家和演员，通过自己内心的情绪体验去认识和塑造人物形象，再让这些人物形象以他们的举止言谈、音容笑貌去感染观众和读者，唤起人们的情绪共鸣，丰富人们的精神世界。成功的作品和表演之所以为人们喜爱，就是因为它们典型的再现了人们生活中的喜怒哀乐、悲欢离合，以及人们之间的情绪纠葛，让人们在欣赏之中体察自身，并从中获得启迪和慰藉。

情绪是我们人类社会的一笔巨大的精神财富，是人类生活丰富性和生动性的重要内容。有了情绪，才有人与人之间的交流，才会导致心灵上的沟通，才能产生文学艺术。简直不敢设想，如果没有了情绪，这个世界会变成什么样子。尽管情绪也常给我们造成麻烦、带来痛苦，但是那种只有声音动作，没有喜怒哀乐、好恶厌憎的"机器人"式的社会，肯定不是我们大家所向往的。

（3）客观分析挫折和逆境。

人生难免有挫折，对于学生来说，由于身心发展和社会阅历等方面条件的限制，还不能对自己和社会有清楚的认识和评价，他们的目标期望值往往比较高，因而挫折就成为生活和学习中时常会遇到的问题。

由于缺乏对挫折的承受能力，特别是不能正确认识挫折的普遍性，有些学生因而情绪消沉低落，行为紊乱偏激，甚至会导致各种心理疾病。为此，可以引导学生讨论伟人、明星、老师、父母以及自己遇到过的挫折经历，帮助学生认识挫折和逆境是每个人在一生中都会时常遇到的，它既可能成为人生经历中的宝贵财富，也可能成为成长发展中的障碍。

应对挫折的关键是战胜自己，通过引导学生收集并讨论伟人、名人"战胜困难和挫折，在逆境中自强不息"的事例，帮助学生认识到，他们战胜的并不是挫折本身，而是自己的恐惧、难过、绝望等消极情绪，即他们战胜的正是他们自己。因此，当挫折降临时，可怕的并不是挫折本身，而是对挫折的恐惧。只有在心理上真正做到了"不畏挫折"，才能用积极的态度和有效的方法去面对挫折和逆境。归根结底，战胜挫折就是战胜自己，战胜自己的消极情绪。

锻炼个性心理品质的要求

未来学家预测，21世纪将属于能承受社会变化和经济改革所带来冲击的个性健全者。为此，心理学家也在积极研究如何健全或完善人的个性，他们运用心理测验、访谈等方法，对被认为具有高心理健康水平的人进行研究，并在此基础上提出了许多相关模型，例如"成熟者"模型、"自我实现者"模型和"功能充分发挥者"模型等。尽管这些模型论及的并非完全是个性的健全或完善，但是我们可以从中概括出个性健全者的六个基本特点或个性锻炼的六个基本要求。

（1）自我意识正确。

能够体验到自己存在的价值，既能了解自己又能接受自己，对自己的能力、性格和优点能作出恰当、客观的评价，对自己不会提出苛刻、非分的期望与要求。同时，努力发展自身的潜能，即使对自己无法补救的缺陷，也能安然处之。

（2）人际关系和谐。

乐于与人交往，能认可别人存在的重要性和作用。能融于集体中，在与人相处时，积极的态度总是多于消极的态度，因而在社会生活中有较强的适应能力和较充分的安全感。

（3）性别角色分化。

有明确的性别意识，乐于接受自己的性别，能按照社会期望的性别角色塑造自己的形象。逐渐了解两性关系，注意修饰打扮自己，喜欢在异性面前表现自己的阳刚之气或阴柔之美。

（4）社会适应良好。

能面对现实、接受现实，并能主动地适应现实、改造现实。对周围事物和环境能做出客观的认识和评价，并能与现实环境保持良好的接触；对生活、学习和工作中的各种困难和挑战都能妥善处理。

（5）情绪积极稳定。

情绪稳定，愉快、乐观、开朗、满意等积极情绪状态总是占优势，身心处于积极向上、充满希望的乐观状态；能适度地表达和控制自己的情绪，合理地宣泄不良的情绪。

（6）个性结构完整。

各种个性特征协调一致，平衡发展。具有积极进取的人生观，能及时调整个体与外部世界的关系，并能把自己的需要、愿望、目标和行为统一起来。

当然，这些优良的个性心理品质不是天生就有的，而是通过后天的环境影响、教育熏陶和自我锻炼逐渐形成的。对于成长中的学生个体来说，"磨砺意志，陶冶情操，形成良好的学习、劳动习惯和生活态度"在其个性的发展和完善中具有更现实的作用。

形成比较清晰的自我整体形象

评价别人容易，评价自己则往往困难。为帮助学生客观地认识和评价自己、形成比较清晰的自我整体形象，教师在教学过程中应引导学生认识以下几个方面的关系。

①客观评价与全面认识的关系。客观评价来源于多方面信息的整合，因此，综合分析不同的人对自己的评价，以及综合分析自己从事不同活动的绩效，有助于形成对自我的客观评价。

②他人评价与自我评价的关系。尽管他人评价对形成自我认识有着重要意义，但是过分依赖他人评价而不能同时进行独立的自我评价，也会使自我认识出现偏差，甚至形成一味迎合他人评价的消极性格。

③自我评价与"人无完人"的关系。要对自己的优点与缺点、所长与所短作出恰当、客观的评价，必须懂得"人无完人"的道理。这样，才能在客观认识自我的同时，积极接纳自我；在扬长避短的同时，努力完善自我。

7. 指导学生学会自我教育的方法

德育的核心是以人为本，实施德育，出发点和归宿点都是个体的人，这同时也是教育的目标所在。过去，我们实施的是无"人"德育，忽视"人"的主体、核心地位，把德育定位在社会功能、政治功能和经济功能上，这实质上都背离了德育实施的方向。

要在德育中体现以人为本，我认为主要应该围绕"人"这个主体来实施德育，走向生命德育。以尊重生命和个人自爱、自尊为起点，尊重生命活动中表现出的人性规律。引导学生自我教育，是体现在学生思想深处的驱动，是深层次的教育，这种教育的不断进行和深入，就能使学生达到自警、自励、自省、自策的境界，是他们逐步走向成熟的表现。教师在引导学生自我教育时，必须使他们有责任感和自信心，使他们重视自己的表现。

引导学生树立上进心

学生如果没有进取意识，没有光荣感和自强精神，是不会有自我教育的要求的。当学生的追求进取心成为他们内心的需要，就会形成一种强大的内驱力。学生的理想越高远，进取心越强，自我教育的要求越高。这时候他们能够把远大的目标和实际行动结合起来，能够脚踏实地的积极向上，能不断形成自我要求，也能够高标准要求自己，能够自我誓言，自觉见贤思齐，不断努力，不断奋进。教师要以学生的这种境界为教育追求的目标，以培养学生立志为教育的根本，抓住"立志"这个中心，强烈的上进心就随之而产生了。

引导学生自尊自重

引导学生形成自我教育的要求，还要引导他们自尊、自重，培养学生形成强烈的自尊心，教育他们自觉爱护自己的名誉，不做有损自尊、有损荣誉的事。自重是随着自尊而来的，没有自尊心、荣誉感，就不可能产生自重意识。教师培养学生形成自重意识，就要使学生感到自己在社会、在集体中的价值，感觉到自己的存在是有意义的，并且能够不断努力去充实这种意义。

学生自尊自重心的发展，最后必然形成一种"慎独"的境界，这是学生自我教育的高水平，也是教育者应该努力教育促成的。所谓"慎独"，是道德修养的极高境界，是指人们在没有任何制约的条件下，仍然自觉地按道德要求去行动，自觉恪守道德规范，不做任何不道德的事。

对学生的道德教育，引导他们进行自我教育，都要在进入这种境界上下功夫。"慎独"的行为，虽然是在无人制约下的表现，其实仍然是道德规范的体现，这就要求教师严格从"他律"入手，逐渐使学生养成由"他律"到自律的行为习惯。

引导学生自励自省

教育学生学会自警，在帮助学生分清是非善恶之后，要引导他们自我警醒，由他人的失陷而警惕不重蹈覆辙，不犯同样的错误，这对青少年学生尤其重要。

引导学生自励，即自我激励，自我确立进取目标，提倡"战胜自己"、增强奋斗意识和持久的意志。青少年学生往往易"激发"而不容易"持久"，这就要求教师激发得当，使学生总保持那么一股跃跃欲试的劲头，同时又要通过各种活动和在各种情境中使学生不断得到激励。

引导学生自省，即自我反省，自我批评。这是加强自我修养的必由之路，又是学生自我教育的一种方法。教师要让他们明确是非标准，使他们能够有分辨是非善恶的能力，培养他们进取心和自觉性，努力创造一种气氛，使自我批评成为一种风气。

引导学生自我教育，还要鼓励学生不断策励自己向前进步，与自己的惰性、自满作斗争。教师引导学生自策，主要是用提醒的方法、激励的方法、推动的方法，形成集体风气和舆论氛围。

引导学生学会自立

自立意识是自我教育的思想基础，缺乏自立意识就很难有自我教育的要求。自立意识的表现首先是有把握自己的愿望和要求，即自立精神；其次是有把握自己的能力和方式，即独立生活的能力。有了这种精神和能力，必然会在学习、思想品德、生活等各个方面自己把握自己，管理自己。

引导学生形成自立意识，让他们在自立中提高自我教育能力。首先要求教师在集体活动中尽量从多方面锻炼学生，要力求做一名导演，让学生在舞台上尽情的表现，尽力的锻炼。其次要给学生创造的机会，要根据学生的不同特点、不同特长，让他们做力所能及的事，并尽量让他们独立完成某件事，使他们逐步养成自立的意识和能力。

8. 阅读教学中的生命教育方法

传统的阅读教学忽视了学生作为一个个体生命的存在，忽视了他们的自尊心、上进心，更忽视了对他们人生观、价值观地培养。结果他们精神匮乏，性格扭曲，人生迷惘。生命意识越来越淡薄，心理承受力越来越脆弱。为此重新审视我们的阅读教学势在必行。

《高中语文课程标准》指出阅读教学应"使学生受到优秀文化的熏陶，塑造热爱祖国和中华文明、献身人类进步事业的精神品格，形成健康美好的情感和奋发向上的人生态度，实现本课程在促进人的全面发展方面的价值追求"。以此为突破口，我尝试在阅读教学中关注生命，对学生进行"生命教育"，让学生意识到自我生命的活力，引导他们向着健全、健康、健美的方向发展。

阅读教学中的生命教育内涵

（1）什么是生命教育。

生命教育的核心是"生命"。所谓生命，不同学科领域对其的理解也不尽相同，可谓"仁者见仁，智者见智"，但综观其观点，我们决不能简单地理解为"生命就是活着"，何况诗人的"有的人活着，他已经死了，有的人死了，他还活着"已说明活着不是目的，最宝贵的是精神永存。

　　他们达成的共识是"自我更新与发展"是生命的本质。任何一个作为社会独立个体存在的生命，更应关注自我生命精神的发展、进步，通过百态生活的体验，丰富情感，陶冶性情，提高道德修养，使自己的精神境界获得提升，成为一个完整、健全的人。由此"生命教育"应运而生。苏霍姆林斯基说："教育首先是种人学"。人本主义教育者也认为："教育的职能不是培养、塑造人，而是开启人的灵魂，开发人的潜能"。

　　"生命教育"就是一切为了"人"的发展的教育，它重在开启人的心智，让人认识到自我生命的存在，自我生命的存在价值，从而将自我立足于一个发展中的人，注重自我生命的开发，自我潜能的挖掘，获得内在自我的自我提升和改变。

　　可见，"生命教育"就是精神境界的教育，是精神美育，是对人的一种终极关怀。这也正是当前中国教育所力争达到的目标。为实现这一教育目标，需将"生命教育"渗透于具体的学科教学实践中去，而语文教学特别是阅读教学以其自身的优势，将处于一个特殊而核心的地位，是对人进行生命教育的主阵地。

　　在阅读教学中实施"生命教育"就是教师根据教学目标有目的、有计划地去挖掘千古经典名著，经典名篇中所蕴含的生命因素，然后据学生的心理、经验、兴趣爱好、心理承受力等去进行创造性的设计，再循序渐进地引导学生用心去倾听已逝哲人的心声和教诲，用心去体验、感悟他们内心真挚的情感，用心去吸取先人的聪明才智，从而使学生能主动地审视自己的人生价值追求，逐步形成自己的思想、行为准则，树立积极向上的人生理想，增强为民族振兴而努力的使命感和社会责任感。

　　总之，在阅读教学中渗透"生命教育"可使学生自觉、自主、自发地成为"躯体、心智、感情、精神和心理力量融贯一体的人"，即具有独立人格、独立尊严的完整的人。

（2）渗透生命教育的理论依据。

文学与汉字密切相关，汉字是文学的载体，文学是纸张与汉字组成的物质化存在。众所周知中国的方块字具有深厚的文化生命内涵，"它是我们民族美丽不灭的灵魂，是我们这个民族的一种永恒的向心力，是我们这个民族的生命百科全书。中华民族有几千年的光辉灿烂的文化，而汉字就是中华民族文化的精粹和瑰宝。"

从汉字的解读中，我们可以看到一幅幅历史画面，可以穿越时空与我们的远古祖先同呼吸共命运，这种触摸历史的感动使汉字具有一种神奇美，绽放出一种旺盛的生命力，令我们震撼。它的这种魔力自然又使文学的生命美学意蕴应运而生。

古人云"在心为志，发于言为诗"，"诗源于生命，所以诗必须通过特殊事件来表现诗的生命观"，都说明文学是作家"志"、"生命"的载体，是一种生命化的存在，是作家灵魂的展示，生命的绽放，人生的写照。如我们从文天祥"人生自古谁无死，留取丹心照汗青"的诗句中可读出一个爱国者的赤胆忠心。

从"予独爱莲之出淤泥而不染，濯清涟而不妖，中通外直，不蔓不枝，香远益清，亭亭静植，可远观而不可亵玩焉"中看到周敦颐的纯洁高雅、正直沉静。再如李煜的《虞美人》是"所谓以血书者也"，让我们感受到此诗倾注了作者深挚纯真的情感，是作者以生命和血泪铸就的伟词。

可见，文学是作家生命体验的结晶，而阅读教学中渗透生命教育就是引领学生去体验生命的体验，让学生以身体感之，用心验之，与他们展开灵魂的对话，心灵的碰撞，并从中获得自我灵魂的启迪，自我生命的升华。

伽达默尔说："文学作品存在于被展现的过程，被展现的作品才是文学的一种真实的存在，未被展现的作品只能是一种可能的存在，而非是一种真实的存在。"也就是说虽然文学是一个有血有肉的活生生的灵魂，虽然蕴含着生命的智慧，人生的启迪，但它是潜在的，它渴望"展现"，而"展现"的过程就是读者参与解读的过程。

一个真正的富有生命力的好作品，离不开读者的参与和创造，读者的解读往往会赋予作品更深、更真、更富有创造性的意蕴，使它的生命价值绽放异彩。当然这对读者的解读活动提出了更高的要求，读者自身的阅读素质、鉴赏力、理解力等都受到严峻挑战。

那种停留在作品原始意义的浅层次解读是不够的，要想获得生命教育必须超越原始意义，结合自己的经验、感悟、思想、情感去内化作品的内蕴，获得创造性的、自我化的解读。

而作为学生他们的知识积累、情感经历、鉴赏能力、审美标准等相对来说尚未成熟，凭他们自己的理解感悟能力，打破时空界限，与遥远先人进行对话交流，确实存在一定的难度，且也不可避免的对作品作出偏歪的意义建构，对学生生命成长造成不良的影响。

所以教师的适当引导就显得尤为重要。阅读教学中学生在教师"不愤不启，不悱不发"的巧妙、适当地引导下，会一步步走近作家，走入作品，与作家展开时空对话，倾听作家的生命体验、生命感悟，从而开启心智，触发对脆弱生命地关注、对生命价值的反思，形成生命意义的自我建构，实现高层次体验。

阅读教学中渗透生命教育的目的是让作品中蕴含的精辟思想、人生情感、深刻哲理深入学生的骨髓，内化成学生血液中的一部分，从而启发学生进行自我生命地开发，促进学生个体生命的更新发展，成为完整的人。而这个内化的过程不是教师所能替代的，"助产士与产妇，无论助产士多么高明，最后必须是产妇自己来完成'生产'任务"。

这说明学生必须亲历作家所描绘的精神世界，用心去感受，用心去体悟，只有经过亲历的体验、感悟，作品的生命活力才会被激活，读者才能最直接地倾听到作家的生命教诲，获得最真心的感动，从而在内心深处激起波澜，唤起对自身人生观、价值观的审视反思，使自我的存在在纷繁的物质世界中得以澄明，从而更自信、更明朗地追求完整、全面的人生。

这体现了体验的亲历性特征。体验的另一特征是生成性，即体验能促成作品自我意义的生成，正如西方体验理论所说："体验犹如女人，会孕育大地万物的生成。"

只有在经历了体验这一动作历程后，读者的情感才会丰富，精神世界才会充实，智慧才会发现，可以说体验是人类的一种生命活动，没有体验，人们将不懂得人生、不懂得生活，人们的精神世界将是一片空白，生命将失去存在的意义。

可见，体验可"无中生有"，阅读教学就是要引领学生通过体验在"无"中寻求"有"，甚而创造"有"，这"有"就会促使学生一步步地走向成熟，走向完整、全面的人生之路。这也正是阅读教学中渗透生命教育所追求的终极目标。

（3）教学中渗透生命教育的意义。

阅读教学中渗透生命教育是对传统阅读教学的挑战，会大大提高阅读教学的效果。可培养学生健康的心理。传统的阅读教学以培养"应试高手"为目标，教学中忽视教育对象是一群有血有肉、有思想、有情感的生命个体，忽视了对"人"的培养，结果学生生活空虚，目标迷惘。

于是就到虚拟的网络世界中寻求宽慰，寻求寄托，久而久之，灵魂被网游吞噬，心灵发生"扭曲变异"，个体生命无法适应自主、自由的现实社会，无法在多变的社会大潮中掌握自己的命运。很明显传

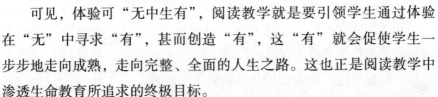

统的阅读教学对学生的心理健康造成危害，而将生命教育渗于阅读教学中就是要对这种潜性的危害进行扼杀。

文学作品中具体可感的形象、思想和情感会抚慰学生的焦虑，启迪学生的智慧，引领学生"通向真理，通向光明，通向知识，通向正确的抉择。它同时通向快乐，通向胜利，通向精神的家园，精神的天国"。

这样学生就意识到喜怒哀乐是真实的人生。从此他们不再悲观厌世，不再空虚彷徨，而是以乐观的心态去面对这个丰富多彩的世界，以自己的努力、奋斗去逐步适应这个多变的世界，在这个过程中学生会不断地增强自信，生活态度会乐观向上，心理更会趋向成熟、健康。

可帮学生树立正确的人生价值观。阅读教学中的生命教育会使蕴含在文本内部作家的生命呈现，此生命又会激活学生生命意识，启迪学生思考生命意义和人生价值，确定正确的人生价值观。

如学生读着陆游"心在天山，身老沧州"，会真切地感受到词人报国建功的热望和投闲置散的冷遇之间的尖锐对立，会被词人"烈士暮年，壮心不已"的爱国情结所感染，所震撼。再如从视听的角度来欣赏张孝祥的"关塞莽然平"和"悄边声"，学生也会与词人产生情感共鸣，激发对南宋政府屈辱求和的愤怒。从而从深层次去理解是非、美丑、善恶，再退而省己，做出自己正确的人生价值选择。

阅读教学中的生命教育的特征

阅读教学中渗透生命教育的过程是一种特殊、复杂的精神活动。

（1）自主性。

传统的阅读教学只注重知识地传授，技能地培养，而忽视了学生作为一个生命个体的存在，忽视了学生对生命意义的渴求。结果道德缺失，品行低下，生命意义淡薄，成为不完整的"跛足人才"，很难适应当今社会对人才的需求，严重者会危害社会。而阅读教学中渗透生命教育就克服了传统阅读教学的弊端，体现了教改新理念。

教学中，教师关注生命个体的发展，有意识地引领学生去阅读鉴赏文学作品。通过情境的设置，问题的巧设，让学生的学习由被动变主动，主动地去穿越语言表层，向更深领域探索。此时潜藏在文本后面的艺术魅力会吸引学生不自主地走入文本，去探索人生真谛，获得生命启迪。

心理学认为，个体对来自外界的刺激，只有进行自我接纳和吸收，方能成为自身的一部分，找到自我生命地回归和认可，促进自我头脑中关于生命认知结构的改革。而在阅读教学这个过程中，学生的身心得到完全放松，他们自主、自由地与"大家"展开心灵的对话，接受"大家"的道德感化，生命教化。从而像消化系统将营养物吸收一样，将其内化到骨髓，为自己的体内注入新的血液，获得生命的自我感悟和生命意义地飞跃。

如现代的独生子女普遍缺乏为民族振兴而努力的使命感和社会责任感，不仅感觉这离自己很遥远，更害怕去承担这样的责任。对此我引领学生走进陆游的《书愤》和《诉衷情》，学生在领悟作品深刻内涵后，深深地被作者老而弥坚、壮心不已的爱国赤诚之心所感染。

在接受高尚美德熏陶的同时，也引起了他们对人生意义的主动思考：短暂的人生应如何度过，如何才能使人生更有价值。可见，阅读教学中的生命教育将学生视为学习的主人，发挥了学生的学习主体性，学习的过程完全是学生自主、自发、自我获得的过程。经过这样一个自主学习过程的洗礼，获得人生的质变，这正是阅读教学中渗透生命教育所追求的新境界。

（2）体验性。

作家结合自己的经历、情感，将对生命的感悟抒发出来，就是文学作品，它是一种"自由"的精神活动，是作家生命活动的一种展示。凡是能够打动人心且经久不衰的文学经典，无一不是作家生命体验的深沉积淀和独特表达。

如李清照《声声慢》中无休无止的愁；辛弃疾《摸鱼儿》中怀才不遇的忧愤；"人生自古谁无死，留取丹心照汗青"的宁死不屈的爱国情结，都是作家瞬息体验的精华，无一不是鲜活生命的跳动。而我们的阅读教学中的生命教育就是要去体验这些生命体验精华，让学生的生命在文化的陶染下走向成熟，走向敞开之境。但这一境界的获得，途径就是体验。

体验是一种心里历程，要求学生亲历其中，用心去感受，获得自我化的情感体验，生命感悟。此时学生是自由的，他完全可以据自己的需求、自己的能力、自己的生活经历去体验感悟，获得有价值的生命真谛。

萨特说真正的价值"是从其要求中获得其存在的，而不是从其存在中获得价值的"。这说明学生作为一个独立个体，有独特的思想和情感，教师不应强求他们千篇一律，而应将主动权交给学生，让他们根据自己的标准去体验文化，体验生命，感悟到自我化的生命情感体验。

很明显它是对传统生命知识教育的挑战，不再是教条式地灌输给学生这样做就是美，那样做就是丑，学生没有选择的余地，只是顺从地接受这套价值观，结果学生情感溃乏，不利于其价值自由意识的发展，而体验式的生命教育则会促使学生生命回归，回到最本质的"善"，让他们的个性在文化长河中得到浸润，得到张扬，得到满足。从而促进学生整体生命的发展。

（3）重塑性。

孔子提出最好的学习是"为己之学能够学以致用"，也就是说在今天的学习型社会中，只有"导致一个人整个价值系统的重塑，行为方式变得更有效率、更便捷、更合乎社会要求，这才是一个好的学习"。可见，关于学习，人们越来越立足于学生灵魂的重塑，自我生命坐标的建构，使学生从一个自然的人发展成一个内心充实，心灵独立，受社会规则制约，符合社会道义标准、无愧社会、无愧自己、无愧人生的完整的人。

而阅读教学中的生命教育就是将这种学习的国际标准作为教学宗旨，教学中引领学生摆脱功利性地学习，进入一种为我而学，学为我用的学习状态，他们放松欢娱地敞开心扉，海纳百川般的用心去体验感悟圣人先贤的生命体验，并在细品咀嚼后对精华进行提炼、吸收和内化，经过这样一个过程的历练，学生会融会贯通地将知识融入自己的生命，获得一种熔铸的提升，生命的重塑。

实现"山登绝顶我为峰"的最高学习境界。这样在这个喧闹浮躁、压力重重的社会环境中，学生因有自己的人生规划，价值追求，会变得更加坚强，会真实、自信地去面对未来，迎接任何挑战，实现自己有用的人生，使自己转瞬即逝的生命在有限的时光里焕发自我光彩，无愧人生。

阅读教学中实施生命教育的教学设计

阅读教学中实施生命教育的目标是开启学生心智，丰富学生内心世界，引领学生寻求正确的生命观。

（1）重塑生命意义。

虽然生命对于我们每个人都平等的拥有一次，但由于长期受应试教育的影响，学生的生命意识极其淡薄，因为生活中一点小小的挫折或承受不了学习的巨大压力就会轻易的结束自己宝贵的生命。所以我们的阅读教学不应只关注学生掌握了多少知识，分数是多少，而应思考如何通过阅读教学重塑学生的生命意识，培养学生健全的生命观。

我们知道"绝不能把语言仅仅看成是一种外在于人的工具，它本身就是人的生命、意志的体现"。可见每一部优秀的文学作品都可看成是一位饱经沧桑的生命使者，会引领我们走向光明。所以备课时我尽可能地去挖掘蕴藏在文本中的生命因素，并创造性地设计问题。

如讲解《石灰吟》"粉身碎骨浑不怕，要留清白在人间"时，自然要引导学生想到文天祥的"人生自古谁无死，留取丹心照汗青"，想到人固然一死，但要"重于泰山"，学生会慢慢感觉到面对生命，我们有不同的选择，但正确的选择是要提高生命的质量，使生命变得更美丽。

再如分析《祥林嫂》中"柳妈"的形象，她对祥林嫂的冷漠和嘲笑，加速了祥林嫂的死亡。但我们不应仅停留在此浅层次上，而应引导学生反观自身，反观社会，自己或我们身边是否有大量的这种人存在。这样对"柳妈"的分析就上升到尊重生命伦理的层面，其现实意义深远：学生在自我寻求、自我感悟的过程中重新认识生命，进而会善待生命，尊重自我和他人生命。

（2）欣赏生命魅力。

学生在重塑了生命的意义后，就会产生阅读的渴望，主动去感悟和体验作品情感世界，探寻生命意义。作为教师，就应利用相应的教学手段，引领学生走进文本，欣赏文本中的生命魅力。

要想探寻到"文学"的真谛，"移情"很重要。所谓"移情"是指情感的移入，一旦移入就意味着活着忘我。任何一部文学作品都是作家情感体验的结晶，无时无刻不拨动着作家情感的琴弦，而读者就需调动自己情感的投入，透过自身生命投入的"欣赏"，化对象的生活为自己的生活，化对象的生命体验为自我生命体验，从而获得自我生命的觉醒。

所以教《归田赋》一文时，配以音乐创设"形真"的田园生活情境，让学生以身临其境之感，情不自禁地调动起自己的情感，"以身体之，以情验之"，此时学生会忘情地融入在田园的种种乐趣中，同时也拉近与作家的情感距离，倾听到作者的心声，被其不恋官场，爱田园的高尚人格所感染，从而引起学生深层次的非智力因素的形成。

作家毕淑敏说过："有的人可能终其一生，都没能学会如何听，他可以听到雪落的声音，可他感觉不到肃穆；他可以听到儿童的笑声，可他感受不到纯真；他可以听到旁人的哭泣，却体察不到他人的悲苦；他可以听到内心的呼唤，却不知怎样关爱灵魂。"可见倾听是门艺术，而进入艺术大门的钥匙不是简单的身体向前斜着，竖起耳朵听，而是用心细心地听取，从而与作家进行心与心的碰撞，产生情感的共鸣。

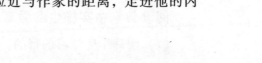

而阅读就是一种更为广义的倾听，你借助文学，可倾听已逝哲人的心声和教诲，你借助翻译可得知远方民族的灵慧。而这正是阅读教学所希望达到的理想境界。所以教学中要充分利用学生的"倾听"天赋，引领学生用心去"听"，以听来拉近与作家的距离，走进他的内心，体会他的心声。

（3）升华自我生命。

阅读课的神圣使命是"塑造人格，提高修养，使他由自在的人成为一个真正意义上的自由的人"。而这一过程正是帮助学生完成自我生命意义改造和建构，获得人生质的飞跃。

我们认为，这一过程很微妙，学生的获得往往"只可意会，不可言传"，它更多需要的是学生的一种悟性，是在对文本生命意义建构基础上的一种幡然醒悟。它转瞬即逝，但对学生人生信仰产生的影响却是永恒的、深远的。

诚然精神达到这一境界不易，它离不开学生的阅读积累，离不开学生积极主动地参与体验，离不开学生与文本的心灵碰撞，离不开学生在自我陶醉后的深思。

所以教学中少讲、合理引导、适时点拨的原则，充分利用网络资源，下载大量有关资料提供给学生，尽量和谐课堂上的气氛，让学生自由自主地阅读，使他们的身心完全处于自由的状态下，学生精神放松，思维就会异常活跃，思路也会多方畅通，也会在随心所欲地畅游中突然心智开启，获得生命意义的顿悟。

如在讲李清照的《醉花阴》和《声声慢》两首词时，将李清照每个人生命运阶段及各阶段的创作资料分发给同学，学生在认真、自由阅读后，在对她的一生获得一个纵向地、全面地了解后，由衷地表示同情和惋惜，也被她每一部作品所传达出来的情感、生命呼唤所震撼。

人生路上不是一帆风顺的，会充满坎坷，变化无常。明白了这一人生哲理，学生一旦踏入现实社会，面对现实与理想的矛盾时，碰上人生命运的挑战时，他们不会抱怨命运的不公，而会理性地去面对人生的残酷，大胆向生命挑战，完成由自然人向社会人的过渡。

阅读教学中实施生命教育应注意的问题

（1）明确学生学习的目的。

在市场经济体制下，在物欲横流的社会里，人人皆为"利"来，皆为"利"去，忙忙碌碌中为"利"所累，为"利"束缚，而一旦空闲下来，却觉得空虚、无聊，享受不到人生的乐趣。这是人们长期忽视内在精神自我建构的结果。

其实"在我们每个人身上，除了外在的自我以外，都还有一个内在的精神性的自我"。只可惜人们被生活所累，这个内在自我始终是昏睡着的，甚至是发育不良的。这就难怪人们会觉得累，生活无意义。可见唤醒人们对内在精神自我地挖掘会改变人的人生观、价值观、人生趣味，改变人的人生追求，人生发展。

在阅读教学中渗透生命教育，应首先让学生明确学习目的，让学生明白，学习不是单纯地获取知识、技能的过程，更是一个愉悦自我，净化自我，甚而寻找自我，超越自我的过程。明确了这一点，学生就会摆脱学习的盲目性、枯燥性，以一种崭新的心境主动投入到学习中去，去阅读、去欣赏、去沉思、去想象，从而一展自由的天性，穿越时空，自由驰骋，获得一个充实的精神生活，一个健康的内在自我。

此时，相信学生不会视学习为苦刑，反而视学习为一种精神享受，久而久之，他们内心充实，人生目标明确，会勇敢、自信地应对多变的人生。因为在他们身边有一个更高的自我，陪他们笑，陪他们哭，陪他们一起坚贞不渝地走向明天。

如从刘禹锡的"旧时王谢堂前燕，飞入寻常百姓家"，学生感悟到人生是变化无常，沧桑多变的。这样学生一旦面临与自己的想象相矛盾的社会现实时，他们有心理准备，认为这就是真实的人生，残酷的人生，他们就会坦然面对，去挑战生活对他们的严峻考验，从而在胜利中体会人生的乐趣，生命的价值。

（2）鼓励个性化、多元化的生命诠释。

在外国，一位幼儿园老师问孩子一个问题：花儿为什么会开？

"睡醒了，想看看太阳"

"她一伸腰，把花骨朵顶开了"

"她想和小朋友比比，看谁穿得漂亮"

孩子们天真无邪的心灵令人羡慕，但羡慕的同时我们应反观我们的阅读教学，由于传统阅读教学观念根深蒂固的影响，长期以来，分数的高下是衡量"才干"的标准，以致学生从文学作品中获得生命体验、寻找生命意义是一种精神奢侈、阅读教学课堂只是为了一味地学套路、学应付考试，结果是"千万个不同的大脑，却有着大体一样的精神套路、言语方式"，阅读课上学生表情麻木，思维呆滞，人性、个性、灵性全部荡然无存。

无疑，一旦踏上社会，他们找不到自己的人生坐标，无所适从，唯一的出路是逃避。而将生命教育渗透于阅读教学，就是要改变这种现状，恢复阅读教学绚丽多彩的生命活力，唤醒学生埋藏已久的心智、灵性，为生命注入新的"兴奋剂"。这就为教师的阅读教学提出了新课题。

作为教师，应一改保守、分数至上的观念，以一种开放的阅读教学观来指导教学。鼓励学生结合自己的情感、经验，以自己的视角去体验文本，吸取丰富的生命营养来充盈自己的生命；鼓励学生大胆的以自我方式对文学作品中的意义空白做自我、多元化的诠释，让文本焕发生命，让自我焕发生命，回到自我生命的最本真。

（3）注意生命诠释的积极、正确性。

现代阅读理论崇尚开放性教学，这无疑为学生展示自我、实现自我提供了平台。学生在自由、开放的课堂氛围中，可以结合自己的人生经验、审美能力、鉴赏能力对作品做个性化、多元化的人生解读，获得自我化的生命感悟。

但教学中教师应注意，由于大部分学生年龄、经历、鉴赏能力、是非评价标准等相对于教师来说还不太成熟，可能因对作者所处的年代或作品背景了解不完整，会产生消极的、错误的情感体验、人生感悟，这会直接将学生带入情感误区，不利于学生身心健康发展。

教学中教师若发现这种情况，不能听之任之，甚至赞赏其所谓的有"个性"的见解，应及时运用自己的教学机智引导学生走出误区，获得积极、正确的生命感悟。

9. 体育教学中的生命教育方法

生命教育是美国学者杰·唐纳·年特士于 1968 年首次提出，此后在世界范围内引起了广泛关注。它首先是从人们要求控制青少年自杀率不断上升的这一残酷现实开始的，是作为预防未成年人自杀的权宜之计被提出来的。

如何对学生进行"生命教育"？健全其人格，提高他们的心理素质，让每一个学生懂得生命对于每个人只有一次。从而让学生珍惜生命，正确对待危机，勇敢的面对现实，增强抗挫折承受力，使学生学会掌握自我心理调整、自我控制的方法，在任何情况下都不做出危害他人、危害社会以及危害自身的行为，而生命体育又寓于生命教育中，是中小学体育新课程中一个崭新的重要内容。

生命体育的内涵

把"生命健康、生命安全"等方面作为体育课程的重要目标，强调课程改革"以人的发展为中心"。结合我国基础教育体育新课程的课程目标、课程价值，我们对"生命体育"进行以下表述：生命体育是生命教育的重要组成部分，它是体育新课程实施中的重要理念。

它包括对生命健康的关注，也包括通过体育活动对身体和心理健康、社会适应的培养和健康生命价值的提升。通过对学生生命体育的教育，激发学生在体育活动中对生命状态的关怀，使学生更好的体验和感悟体育对生命的意义，促进对身体的强健的和精神世界的丰富。

生命体育教育的必然性

（1）体育新课程价值体现了生命的宝贵性。

人的生命是宝贵的。"教育具有提升人生命价值和创造人的精神生命的意义"。现代教育形成过程中，体育作为一种有效的教育手段进入学校，成为学校教育的重要组成部分，并在学校中不断发展。

在这个过程中，人们日益深刻地认识到体育学习对于人的发展具有的价值。在体育新课程中明确提出了课程的价值在增进学生身体健康，提高心理健康水平，增强社会适应能力，获得安全运动能力等方面的独特作用。强调通过体育学习提高学生健康，改善生活、生存质量。可见体育新课程价值体现着生命的宝贵性。

（2）体育新课程目标体现了生命的整体性。

新课程在强调具有适应终身学习的基础知识、基本技能和方法的同时，还突出地把情感、态度和价值观作为学生发展最重要的目标列在首位，并明确提出了要"促进学生全面发展和健康成长"的课程改革根本目的。

这种课程价值取向，是以生物科学、教育学、心理学和社会学为基础，以通过体育学习达到人自身的完善与解放为最高目的，强调人的知识技能、过程方法和情感态度价值观的辨证统一，对培养全面发展的人才具有重要意义。

（3）体育新课程内容体现了生命的现实性。

体育新课程要求改变课程内容"难、繁、偏、旧"和过去注重运动技术的现状，加强课程内容与学生生活以及现代社会和科技发展的联系，注重体育活动中的运动伤害预防能力，培养学生的体育学习兴趣和经验，体现了体育新课程对生命生长规律的关照。

（4）体育新课程实施体现了生命的自主性与创造性。

体育新课程实施中，特别关注师生对课程的主动建构问题，强调师生在课程实施中的自主性、能动性和创造性。"教师即研究者"、"用教材教"、"自主、合作、探究学习方式"等体育新课程理念，是生命的自主性和创造性本质特征在体育课程实施中的反映，使体育课程与教师的关系、体育课程与学生的关系发生了根本性的改变。

生命体育在体育教学中的应用

（1）生命体育可以促进学生挫折承受力的提高。

挫折是指当人体从事有目的活动时，在某种环境中，遇到障碍或干扰，致使其活动不能获得满足时的情绪状况。而体育能使人体承受一定的心理和生理负荷，为磨练人的意志，培养勇于克服困难、挫折的品质提供了良好的机会。

因此，教师在教学过程中必须通过不同的教学方法和手段，对学生施加心理上的影响。在体育教学过程中，设置困难、挫折环节，在原有的练习内容、结构、方法和要求等方面提出更高的目标，使学生做出相应的努力来克服这些困难障碍，从而培养学生承受挫折的能力。

我们在遇到这方面的问题时要从学生的心理方面着手，不断训练学生对挫折的忍耐和承受能力，使学生在失败时也能保持进取的精神，这有助于学生的心理发展和身心健康。

（2）生命体育可以促进学生之间的合作学习。

合作学习就是以小组成员合作性活动为主体，以小组目标达成为标准，以小组总体成绩为评价和奖励依据的教学策略体系。在体育教学中人与人之间发生着频繁的合作，一场球赛，一个游戏，一次接力跑，如果同伴间没有合作意识，就很难取得胜利。

合作意识的培养，要紧密结合教学的内容，提出具体的要求。例如在集体项目的比赛中，让学生懂得谁上场，谁替换，替换谁都要以实现最高目标为准则。比赛中，由于各种原因，队友发挥失常或出现失误都是难免的，这种情况下，队员间更要相互谅解、鼓励与支持，切忌埋怨、责备。使学生认识到，人与人之间只有良好的合作，才能相处

得更融洽、亲和，取得成功的机会也更大。

（3）生命体育可以促进学生创造学习。

创造性思维是指在已有知识经验的基础上，经过独立分析，综合形成新联系，从而解决问题的一种思维过程。如：在体育教学中，教师要善于利用简单的教具演示某一动作的技术要领或原理，生动直观地传授知识技能和加深学生对知识技能的理解，才能使学生不仅知其然，而且知其所以然。

（4）生命体育可以促进学生情绪的自我调节能力。

心理学研究表明：情绪之所以影响健康是因为情绪能通过下丘脑、脑下垂体、植物性神经系统引起身体器官变化。一定程度的焦虑反应可以通过调动身心、生理防御机制，使人进入警觉防卫状态，也可使人的心智活动增强，有利于摆脱困境。

学生参加体育活动，在活动运动中寻找最佳心境，享受运动的快感：洒脱、奔放的心情，愉悦机体每一个细胞并迸发出的勃勃生机，从而陶冶了情操，开阔了心胸，形成豁达、乐观、开朗的良好心境。

生命体育在体育新课程运用注意事项

（1）注重学生的个性化的发展。

学生作为一个个独立的个体，自然会有独特的个性存在，再加之过去所处的环境不同，所受教育不同，存在认知上的差异就在所难免。我们教师要学会信任，学会期待，允许学生发展自己的个性，善待他们的不足，鼓励他们向善的方向发展。虽然这过程可能会缓慢一些，但作为教师切不可操之过急，更不能用自己理想化的标尺去度量自己的学生，要尊重他们的个性，服务于他们的发展。

（2）尊重学生的选择。

在传统的教学模式下，选择多是由教师完成的，作为教育的对象，学生只需被动的接受就可以了。体育新课程允许学生选择自己喜欢的项目，在教学中允许他们自主选择课程的难易。陶行知先生说过："我们必须重生为小孩，不失其赤子之心，才能为儿童谋幸福。"关注孩子的内心需求，尊重他们自主的选择，才是对生命的尊重。

（3）尊重学生的情感体验。

从心理学角度来讲，教学是与个性及社会心理现象相联系的情感力量和认知力量相互作用的动力过程。由于情感具有迁移功能，所以情感是可以影响一个人的认知接受性的。因此，在组织教学活动时，我们要尊重学生的情感体验，关注他们的喜怒哀乐。

使课堂教学处于师与生的平等的交际环境下，教师根据学生的情绪变化，情感体验方式，选择适当的教学策略，满足学生在交往中的依恋需要、尊重需要、理解需要和求德需要。使之保持一种愉悦并满足的心理状态，这对完成教学目标，培育学生的综合素质是大有益处的。

学生在日常的学习生活和人际交往中往往会产生些不快的情绪，有时会带到课堂中来，形成对教师的抵触情绪。此时，教师要学会引导他们进行宣泄，并善待他们表现出来的不敬。或言语疏导，或委婉劝诫，或爱抚安慰，让他们尽快从阴影中走出。我们应有充分的耐心和足够的爱来善待那些使我们可能难堪的学生，用善意的眼光去宽容他们，引导他们学会反思，学会豁达，形成良好的心理品质。

（4）培养学生的创造个性。

由于个体之间的兴趣、爱好、观念、思维方式和知识结构方面的多元化特点，使得学生的创造性可以表现在不同的方面。在课堂教学中，我们教师要努力改变说教者的形象，把学习的主动权交给学生，鼓励学生在现有教学内容的基础上，自主探索，调动他们的想象，引导他们大胆发言，创新地解决问题，尊重学生在学习中闪现出来的创造性想法和行动。

对生命教育的研究，还有一段非常长的路要走，生命教育是教育的本源，是全人的教育，是终身的教育。体育教育对生命教育的促进仅是一个方面，期待"生命教育"能被更多的人重视，能在更多的领域发挥它的作用。

10. 小学生生命自我教育的重要性

人生最宝贵的是生命，生命对人只有一次，人人都要珍惜生命，人人都要爱护生命。可是总有一些学生由于心理障碍，缺乏应有的生命适应能力、对挫折的耐受能力、心理满意感和生命情感体验，而最终走上自我毁灭的道路。

为此，我国青少年的心理素质问题引起了全社会的关注。很多教育界的人士都提出了同一个问题，即针对青少年进行有针对性的生命教育，使其用正确的态度看待人生，从而珍惜生命，并由此培养其健全的人格和良好的人性。

我国当前小学教育的对象，已进入"独生子女时代"，心理学研究表明："独生子女教育已成当今教育的一个突出问题，他们挑吃挑穿，不爱惜东西，任性、懒散。"小学高年级学生正步入青春期，他们自控能力差，逆反心理强。

因此，他们往往遇到一点挫折、委屈就受不了，与父母或老师情绪对立，盲目反抗，一时冲动下就有可能做愚蠢的事。而目前学校、家庭、社会中关注生命情感的教育少之又少，许多"问题少年"得不到应有的生命情感帮助和启发引导，直至发生严重恶性事件后才幡然醒悟。面对那一幕幕惨剧，有关专家认为，青少年只有在情感、人格和人性等各方面都得到健康的发展，才能自然地体验到做人的尊严，理解生命的可贵。

小学生生命自我教育的内容

培养生命情感意识，引导积极的生命情感体验，消除消极的生命情感对学生的困扰。培育健康的竞争心理，具有耐受挫折、承受失败的良好心理素质，有崇高理想和强烈事业心，不嫉妒他人的成功，具有奉献精神和社会责任感。

善于协调人际关系，有团结精神，对别人关心、理解、尊重、宽容、公平。培养信息的获取和甄别能力，对周围世界具有强烈的好奇心、求知欲，有敏锐、深刻的认识能力，有良好的生存能力，对环境有机敏灵活的应急应变能力，包括优良的意志品质、坚实的自信心和健全统一的人格。

永远追求健康心态，不断发展和完善人性。对自己信任的人能够敞开心扉，对他人充满爱心，遇到心理失衡时，愿意接受别人的帮助。具有良好的思维品质，对新事物敏感、有浓厚兴趣，有活跃独特的创新精神，敢于想象，勇于创造，善于策划，做事灵活。

培养良好的生活习惯，懂得生活的真谛和人生的意义，善于创造生活，充满乐观情绪。培养广泛的兴趣爱好，勤于思考，富于理智，善于开拓。

小学生生命自我教育的主要途径

经过教育专家的指导和反复地实践分析，在小学生中开展生命情感教育的主要途径有以下几条：

（1）以师德魅力感召学生。

真正的教育总是充满活力和生气。通过教师言传身教、润物无声的熏陶，对个体生命的肯定、激励、褒扬，创造自由舒展的空间，使学生充满对生命的热爱，具有昂扬向上的精神、热情洋溢的韵致，学生个体生命情感在积极、活泼、明朗的教育环境中得以无声地滋润、涵化、延展、厚实，把教育中的个体生命引向高处。

在教育实践中，我们教师应多给魅力，少给压力。现在大家都感到学生一批比一批难教，学生厌学严重；而我们教师是越教越不会教，越活越累。我们再有本事，也没有办法把所有的科学知识转化成游戏和故事。孩子们在传媒的不断进攻中对强烈刺激都越来越麻木了，何况我们献给学生的"礼物"又是那么枯燥乏味呢？

我们必须拿出我们自己的真正优势，去开发吸引学生的资源，而且这种优势应是任何传媒都无法抗衡的，那就是教师的人格魅力。如果我们很有人格魅力，热爱生活，充满激情，师德高尚，做事公正，业务能力强，善于体察孩子的童心，能真正做孩子的知心朋友和心灵的保健医生，那么任何明星都无法和我们竞争。我们应敞开心扉，摘下面具，亮出真实的自我，怀着从容不迫的自信，青春焕发地走上讲台尽情展示我们人格的魅力。千万不要动不动就批评学生，人为给学生制造精神压力。

一个真正的老师，应该十分注意尊重学生的情感，不断地用人格的魅力去吸引学生、教育学生，让他们学会学习，学会做事，学会共同生活，学会共同生存，提高心理素质，促进其身心健康和谐发展。

（2）创建良好的人际关系。

体验是对生命的享受，对学生来说，成功的体验要比失败的体验更重要。成功的基础是自信，自信是学生生命中的阳光。教师引导学生积极自信地自我探寻，意识到有一个"我"生活在世界中，并作为一个真实的生命体在这个"生活的世界"中积极去交往、感觉、理解，用整个身体和心灵去感受生活与人生。喜欢独处的孩子，积极情感体验少。

一个孩子与情感健康的同伴一起玩耍，一起交流，长期生活在充满积极情感的集体氛围中，其情感就会朝着健康的方向发展。久而久之就会发展孩子的同情心、信任感、责任心、愉快乐观的积极情感，使孩子的创造性、独立性、合作意识得到培养，学会与他人分享快乐、痛苦并具有爱心。教师要给孩子提供更多交往的机会，如郊游等。

学生之间出现争执，教师不要过早干预，鼓励学生自行解决，使他们从中获得与人相处的经验。在活动中增强自我意识和主体意识，把个人与他人的态度联系在一起，通过移情换位加强理解，从而产生和谐共存的体验。这样，学生内心有一种深刻的感受和被净化的自我超越感，回到具有鲜明个性的生活中，生活信念得到感召，人生精神得到提升。

（3）倡导"尊重教育"。

生命情感培育要从尊重学生开始，人类最不能伤害的就是自尊。"尊重教育"是符合学生身心发展规律的教育。就个体心理发展而言，每个学生都有自我尊重的需要，而且随着年龄的增长，学生渴望得到老师喜欢、同学接纳的愿望日益增高。这一方面源于学生自我意识水平的提高，另一方面，源于学校给学生造成的特殊压力。以小学生自我概念形成为例，即使到了高年级，学生对自己的认识仍在很大程度上受外在因素的影响。如老师说某某学生好，其自我感觉就好。

"尊重教育"是人性化的教育，它要求学校的一切工作都要以学生个性的充分、自由和全面的发展为出发点和落脚点，并认为只有教育工作者站在学生的一方，为学生着想，把人的特殊性、学生的特殊性摆在最重要、最显赫的位置上，教育要走近人、关怀人、感召人的愿望才能实现。

"尊重教育"是关注学生自主发展的教育。只有让学生懂得了自己帮助自己、自己调节自己、自己救自己和自我学习的道理，他们才能做到无论遇到哪位自己不喜欢的老师或什么令自己不愉快的事情，都能保持积极向上的状态。

因此,"尊重教育"不但要为学生营造一个个性得以张扬、智慧得以放飞的环境,而且要培养和激发其自主发展的动机,教给其自我评价和自我调节的策略。其次,我们要在家庭、社会中建立亲情、友情、人情的乐园,创造和谐宽松的环境。

在注重学生现实能力培养的同时,尊重学生的生命情感,给学生身心充分的自由,培育他们身心的敏感性,让他们不断增长对世界的理解、关怀和激情,保持对自我生命和他人生命的敏感和珍爱。

(4)营造良好的心理教育环境。

沟通就是情感交融,它是建立教师、家长与学生亲密无间关系的纽带,对学生的自主发展起着动力作用。随着孩子年龄的增长,他们的自我意识在增强,寻求自我的心理,渴望别人的理解、渴望平等民主、渴望建立融洽和谐的家庭氛围和师生关系。但是,一个孩子若是缺乏正确的价值观,就可能形成"以自我为中心"的行为方式。

如何使孩子懂事,如何促进孩子学会控制自己的言行,培养高尚的道德品质,就要求教师要在家庭关系的处理、师生关系的建立、学习生活环境的适应、社会交往的影响以及面对多彩世界的反应等各个层次对学生加以引导和全面沟通。使学生明白什么事情值得去做,什么事情不值得甚至是绝对不能去做。

要关注学生的需要、情感,相信他们有足够的道德情操和欣赏美、创造美的能力;引导他们在自由生活的同时承担必不可少的对他人、对社会和对自然的责任;要在倡导关怀人的终极意义、弘扬道德价值和审美意蕴的同时,培养健全的人格和高尚的时代风尚,从而使学生丰富多彩的个性变得更加绚丽多彩。

11. 中学生心理健康教育的重要性

当前大多数中学生面临心理问题的困扰，许多中学生有心理异常的表现，中学生的心理健康状况，不仅关系到自身的全面发展，而且影响到学校、家庭和社会的精神文明程度以及未来国民素质的高低。

学生心理健康教育面临的挑战

据有关资料统计，在中小学生中约有 *32%* 的人有心理异常的表现，中学生心理素质合格率仅为 *17%*，这说明大多数的中学生面临心理问题的困扰。在被调查的对象中有 *29.3%* 的学生存在心理问题，*32.8%* 的学生在人际交往中常有自卑感、心神不安，*2.9%* 的学生拒绝与异性同学交往，*90%* 的学生认为中学阶段学生之间发展的是友情而不是爱情。

同时，*34%* 的学生认为别人不理解自己、不同情自己，*31%* 的学生常会感到孤独、苦闷，*29%* 的学生有时会无精打采提不起劲来，*9%* 的学生经常责备自己，*5%* 的学生容易哭泣，*25%* 的学生容易烦恼、激动，*22%* 的学生有想摔坏东西的冲动，*18%* 的学生有时会不能自控而大发脾气，*7%* 的学生常会无缘无故地突然感到害怕，*31.2%* 的学生常会感到紧张或容易紧张。

据北京大学儿童青少年卫生研究所最新公布的《中学生自杀现象调查分析报告》显示：中学生五个人中就有一个人曾经考虑过自杀，占样本总数的 *20.4%*，而为自杀做过计划的占 *6.5%*。数据表明中学生心理健康教育形势严峻。

影响学生心里健康的原因

从年龄上看，中学生一般是 *13* 岁至 *18* 岁左右，这个年龄段正是从幼稚走向成熟的时期，也是一个充满矛盾的时期。他们生理的、心理的急剧变化和认知的矛盾都表现的比较突出。具体表现在：

（1）思维的简单与偏激。

中学生的思维能力一般不能完全跟上身体的发育速度，他们的推理过程很粗糙，认识很片面，辨证思维能力很缺乏。他们看事物往往只看表面现象，看到一个原因，想得到只是一种结果。

（2）理智战胜不了情感。

中学生的理智、意志等的成熟与发展往往跟不上情感、情绪等的发展。早恋问题是孩子产生自杀念头的第二大原因。北京市青少年法律与心理咨询服务中心心理咨询部主管于华认为到咨询中心来做咨询的，很多孩子是因为早恋问题引起的心理问题。

一些中学生在学校里虽然也受过道德、法律等知识的教育，但在遇到某一件具体的事情时，那种朦朦胧胧的理智观念，常常不能战胜瞬间燃起来的情感冲动，于是便感情用事，干出违法犯罪的事，而在事后他又很快觉得悔恨不已，自怨自责。

（3）认识被个人欲望所驱使。

心理不健康的中学生一般认识能力是低下的，而他们的认识能力又往往受到个人欲望和私念的限制和驱使，因此他们往往从个人主义角度来分辨美与丑、是与非、勇敢与胆怯、光荣与耻辱等等。

（4）与父母关系不良或单亲。

父母关系不良，或离婚、死亡的单亲家庭对青少年心里健康有较大的影响。家庭结构不完整、甚至破裂，使孩子的成长环境先天不良，由于孩子从小得不到必要的父母之爱，不但在感情上和心理上留下创伤，而且形成家庭教育的严重缺陷，孩子对来自外界的一些恶习引诱会不加辨别地接受，并进而走向犯罪。

例如广东省少管所的少年犯中，单亲家庭子女占了三分之一。在浙江省破获的一个少年盗窃团伙中，*13* 人中有 *12* 个来自单亲家庭。家庭对子女的关心爱护与教育方式，对青少年成长十分重要。

"溺爱型"的家庭，往往使孩子养成好逸恶劳、贪图享受、专横霸道，变得自私、固执、任性且缺乏自制力，一旦个人欲望得不到满足就很容易走上犯罪道路。"高压型"的家庭，奉行简单粗暴、棍棒式的教育，在这种家教下，极易造成孩子的人格自卑、逆反心理和抵触情绪，这样的孩子一旦犯罪，便会凶恶地报复社会，危害性极大。"放任型"家庭，往往是对孩子不教不管，孩子的性格孤僻冷漠，一遇不良习气和坏人的引诱就容易走上邪路。

（5）重智育轻德育的后果。

片面追求高升学率、高分数，重智育、轻德育，重数理化、轻法制和心理健康，这是不少学校至今依然存在的普遍现象。一旦出现考试成绩不及格，高、中考名落孙山，有的学生会感到悲观失望、前途渺茫，极个别学生由于种种原因，往往自暴自弃甚至会以自杀或悲观厌世来企图摆脱那种无形的困境。

一些老师对这些"双差生"往往采用体罚、变相体罚的粗暴方法，或工作中简单化，从而挫伤了学生的自尊心。有的学生便"破罐子破摔"，产生了心理障碍，甚至准备轻生或干起违法犯罪的事。

（6）社会环境污染。

由于现在社会公德意识的低落，人们对许多有违道德的行为已经习以为常，并因此导致教育的误导，使青少年对行为正确性的认识模糊，引起说谎、欺骗、偷窃、对抗等品行障碍的发生。

其次社会上的某些文化娱乐设施成为诱使青少年蜕变的场所，如电子游戏厅、网吧、KTV 歌厅等娱乐场所，尤为严重是社会上的一些影视公共场所和网站，为了追求票房利润，经常播放凶杀、色情等影视片，不少青少年精神中毒以后，便开始行凶、打架，寻求刺激，屡禁不止的黄色书刊也是使青少年走上犯罪道路的主要原因。

珍爱生命教育的启示和措施

学校应把维护学生生命安全和心里健康当作头等大事来抓，珍爱生命教育应当是学校的一项重要工作。当前在学校教育中，要特别强调的是全面贯彻党的教育方针，认真开展素质教育，引导中学生德智体美全面发展。要确立正确的评价学生水平的标准，不能把分数的高低作为唯一标准。

健全学校心理健康教育工作体系，建立健全心理咨询机构，校长、党总支书记、政教主任、教导主任、团支部辅导员、班主任、任课教师、学生干部、宿舍长以及学生个体都要纳入到这个体系中。都应当接受心理教育培训，掌握正确的识别危机和干预的方法，注重心理辅导，促进学生的全面发展。

结合中学生成长的年龄特征、生理特征和心理特征进行针对性教育。要加强和改进思想政治课教学，认真开展道德品质教育、健康心理素质教育、法律意识教育、社会发展常识和国情教育以及以邓小平理论为中心内容，进行马克思主义的基本理论观点教育、社会科学常识教育，提高中学生辨别真善美、假丑恶的能力，引导中学生树立科学的世界观、人生观、价值观。

正确的家庭教育是抚育青少年健康成长的摇篮。可以说，大部分青少年的心理障碍都与其父母有直接或间接的关系。取得家长的合作，帮助家长发挥他的教育功能，对于改善和预防孩子的心理障碍，帮助孩子成材极为重要。良好的心理素质需要良好的家庭地教育培养，学校要与家庭紧密配合，教师与学生家长要加强沟通，时刻关注学生存在的心理问题，对家长给予适当的指导，对学生给予及时的疏导。

增强自我保护意识有助于提高青少年免疫力。青春期正是孩子

"心理断奶"的关键时期，我们应该给予孩子更多的呵护和关爱。营造一个宽松健康的社会环境，培养学生一个完整的自我，一个人格健全的"我"。中学生应学习一些心理知识，了解心理健康的标准，树立正确的人生态度，形成良好的个性和统一的人格，促使他们对自己的认识，提高自我教育能力。

全社会的关爱是青少年健康成长的沃土。青少年的心理健康不仅不能离开学校、家庭的教育和辅导，而且也离不开社会环境的熏陶。不良的社会环境会直接影响青少年的心理健康。政府必须加强对不良社会现象的治理，减少不良思想和文化对青少年的腐蚀和渗透，减少影响青少年身心健康的事件发生。

12. 对大学生进行生命教育的方法

改革开放以来，社会价值观发生剧变，对知识的尊重转为对财富和成就的向往，加上近年来高校扩招导致就业压力增大等因素，大学生头上"天之骄子"的光环已经日渐褪去，身为大学生的自豪感不复存在，随之而来的是对自我身份的怀疑和对未来的担忧。根据一份针对上千名大学生的调查结果，大学生中感到"较空虚"的占到 12%，感到特别空虚的也有 5%.

大学生会让自己忙于学习、社团活动和文体娱乐活动，但莫名的空虚、惆怅和孤独感仍时有出现。感到生命有意义对人的心理健康非常重要，实践研究表明，大学生沉迷网络、饮食障碍、抑郁等情绪问题中，无意义感和无价值感都是重要的内在原因，甚至在最严重的大学生自杀个案中，感到生命空虚、自我没有价值也是重要的因素。

目前，社会、家庭对学生都会赋予很高的期望，而学生表面的忙碌并不一定会带来内心的满足。如果没有合理的人生目标，内在缺乏积极的人生价值观，外界的巨大压力和内在的空虚不断冲击学生的心灵，"外忙内空"的矛盾状态会给大学生带来严重的心理困扰，学生受挫的可能性很大。

大学生的内心空虚感包括几个层面。一是情感层面，大学生离开家庭来到陌生校园，情感的匮乏是造成内心空虚的重要原因；另一更深层面上，是生命意义和生命价值感的缺乏，这和整个社会文化的现状有关。

目前的理论和实证研究对于空虚感这一重要命题涉及很少，大学生心理研究领域集中在情绪、行为的表象上，对于深层原因涉及不多，而理论研究如果不能对空虚感以及生命价值等做出肯定回答，帮助学生获得充实、富有意义感和价值感的生活，那么心理健康教育只能表面化，无法发挥应有的作用。

大学生空虚感的表现与成因分析

（1）脱离原生家庭产生情感的真空。

大学生升入大学，离开家庭的庇护，独立生活，旧的情感纽带断裂，新的情感纽带尚未建立，这时感情归属就会发生问题，产生飘忽不定和没有寄托的空虚感。新生入学以后如果能够迅速融入集体，在与同学和老师的互动中建立相互信任和接纳的归属感，这种空虚感也会减轻。

（2）大学生活和学习特点导致的空虚感。

大学的生活和学习与以前相比，有着巨大的反差。首先在时间管理上，学生自己支配的时间很多，除去上课和集体活动，所有的时间都由自己安排，面对这么多的时间，许多学生不知道如何支配，不知道做什么。

在生活管理上，所有的学习、交友及衣食住行都要自己处理，这对于许多缺乏生活锻炼的大学生来说是个不小的挑战；在学习内容和学习方式上，尽管也有明确的科目，但是教材上和课堂上讲授的并不是学习内容的全部，大学更重视学习的深度和能力，不再是被动学习，而是在教师的指导下自己决定如何学习和学习什么内容。

大学生如果认识不到这种差异，就会陷入一种不知道该学习什么，也不知道学会了什么的状态。另外，现实中也存在大学教育与社会需要脱节的现象，大学生普遍感到大学课程要学好不容易，要通过却并不难，而且将来工作中也没有实际用处，于是产生一种无所适从的空虚感。

在人际关系上，大学生都是在宿舍中集体生活，即使不喜欢也要在同一个屋檐下朝夕相处，许多大学生认识不到这种改变，不懂得宽容和理解，不会换位思考，缺乏心理相容的能力，导致人际关系不和，同学之间的情感关系淡薄，无法建立归属感，这时空虚感就不可避免的产生了。

（3）缺乏意义感带来"存在的空虚"。

意义疗法的创始人弗兰尔克认为："人是一种寻求意义的生物，追寻生命的意义是一个人最基本的动机。每个时代都有自己的神经症，如果说弗洛伊德时代的神经症主要是性挫折引起的，那么今天的心理问题则主要来源于生存挫折和彻底的无意义感。"

弗兰克尔曾提出"存在的空虚"，不能感受到值得为之生活的意义，被内心的一种空虚所困扰，陷入"存在的虚空"的处境。他当年在欧洲学生中的调查数据显示，有25%的人存在着或多或少的虚空。在美国学生中，这一数据不是25%，而是60%.

如果说我国大学生在中学以前的生命意义是为了升学而努力，那么升入大学后，这个目标失去了意义，而大学生活又相对松散，于是陷入了"存在的虚空"。

大学生除了情感的空虚、对大学生活的不适应以外，有些也感受到弗兰克所谓"存在的虚空"，他们感到自身的存在和周围人没有什么关系，生活在自闭的空间里，独来独往，脱离群体，找不到值得追求的价值。

（4）现代社会文化的不利影响。

现代人在价值取向上比较强调功利化的成就，对物质的过分重视，拜金主义、享乐主义传播很广。大家把自己的成功建立在打败对方或超越对手上，普遍相信只有这样才能得到别人的尊敬、赞美和肯定。

这样的生活态度，导致精神生活的严重失调：竞争产生对立，忙碌带来紧张，赢得别人的赞美却迷失了自己，创立的人际关系消失，人的相处和互动缺乏温馨和喜乐，甚至产生冷漠与冲突。

对学习的过分投入使得他们失去多方面生活历练的机会，许多人无法体会承担、负责、爱人的生活经验，但是一旦投入现实生活，又脆弱得禁不起挫败和挑战，而产生心理适应上的困难。现代文化注重外表、财富等外在的东西，忽视内心感受，让人变得浮躁和肤浅。

大学生获得生命意义感的方法和途径

（1）适应大学生活，重建情感归属。

大学生增强自我教育意识是超越空虚、形成良好个性品质的根本保证。大学生应当积极参加学校各种有益的社、团、文体活动，在活动和交往中，提高对学校和自我的正确认识，克服认知偏差，恰当地确定和不断调整自己在群体中的位置，提高适应能力。

合理规划自己的生活学习，养成良好的习惯，制定一些切实可行的生活、学习时间表，社会活动、文体活动计划表等，使自己的学习和生活有条不紊，忙而不乱。学会控制和消除消极情绪，减轻心理负担。俗话说"人生不如意事十有八九"，一旦产生消极的情绪可采取如自我宣泄、请人辅导、代偿迁移等措施加以控制和排解。

良好的意志品质是提高学习效率的重要心理条件之一，也是大学生"人格重建"的重要内容，因此应加强意志锻炼，培养良好的意志品质。读书也是克服空虚的良方，通过读书，能使人找到解决问题的钥匙，使人从寂寞和空虚中解脱出来，多读书，读好书，使自己内心丰富，视野开阔，生活自然就会充实起来。当一个目标受到阻碍、难以实现的时候，不妨暂时转移目标，除了学习以外，还应培养自己的业余爱好，使困扰的心充实起来。

（2）超越自我，追寻生命意义。

弗兰克尔认为，人要获得终极的存在意义，就必须在一定意义上忘掉"自己"，停止消极的自我探索，去积极探索人生的意义。弗兰克尔认为有三种途径可以获得生命的意义，通过创造和工作、体验意义的价值以及对不可避免的苦难所采取的态度，这三种获得生命意义的途径分别对应于三种价值群，即创造性价值、经验性价值以及态度性价值，人们在实现这三种价值的过程中发现生命的意义。

创造和工作，创造和工作是与实现创造性价值相关的。工作是发现生命意义的一个重要的途径，工作使人的特殊性在对社会的贡献中体现出来，从而使人的创造性价值得以实现。但简单的机械工作是不够的，人必须把握工作背后的意义和动机，只有这样，人才能在对工作的价值和意义的感悟中实现生命的意义，积极的、创造性的、有责任感的态度赋予工作以意义。

爱的价值，发现生命意义的第二个途径与实现经验性的价值有关，可以通过体验某种事物，如工作的本质或文化尤其可以通过爱体验某个人，实现经验性价值，从而发现生命的意义。弗兰克尔认为，爱是深入人格核心的一种方法，它可以实现人的潜能，使他们理解到自己能够成为什么，应该成为什么，从而使他们原来的潜能发挥出来，爱可以让人体会到强烈的责任感，能够激发人们的创造性，在体验爱的过程中，可以发现生活的意义和价值。意义疗法引导人们学会并乐于接受爱，以及伴随而来的责任。

态度的价值，与对不可避免的苦难所采取的态度对应的是态度性价值。弗兰克尔认为人对命运的选择完全取决于人的精神态度，即使面对无法抗拒的命运力量，人仍然可以选择自己的态度和立场，通过实现态度性价值人们可以改变自己看待事物的视角，了解对于自己而言什么是最重要的，从中获得新的认识。当人们面对苦难时，重要的是人们对于苦难采取什么样的态度，用怎样的态度来承担苦难。

弗兰克尔认为许多症状都是由不良的态度导致的，通过改变态度可以使这些症状得到缓解。弗兰克尔提出的寻求人生意义的三个途径，大学生都可以从中获得启示，在自己的生活学习中实践生命的价值，从而超越空虚，获得生命意义感，达到良好的心理健康状态。

1. 青春期意味着什么

青少年进入到青春期，也可以说是进入了"多事之秋"。由于很多人都没有做好对身体变化的心理准备，再加上各种生理现象及某些原因引起的病理状态，会给他们的生活和学习带来许多忧愁、惊恐和不安。如果他们不能对这一系列的变化有一个正确的认识，则会严重影响身心健康的发展。因此，想要健康地成长，就先来认识一下青春期吧。

对于每一个即将步入青春期的少男少女们来说，青春期既是令人期待的，同时也是令人害怕的。站在镜子前面打量自己，你一定会发现一个完全不同于以前的自己，面对这些成长中的巨大变化，你是否感觉到不知所措呢？其实不用担心，因为你身边的朋友和同学都正在经历同样一种事情，而这也正是所有人都必经的一个阶段。那么，青春期究竟意味着什么？

青春期是个激动人心的时期，它让青少年适应过渡到成人时代，在这段时期里，除了生理上会发生一系列变化之后，心理上也会和以前大大不同。更重要的是，他们的社会角色发生了巨大的变化，这也决定了，青少年必须要负担更大的责任，要更加自立，才能活出人生的精彩。

青春期意味着发展

青春期是人的身体发育完成的时期。研究表明，在人的一生中，身体生长迅速、身体各部分的比例产生显著变化的阶段有两个，一个是在产前期与出生后的最初半年，另一个则是青春期。青春期的快速生长发育，被称之为"青春期急速成长现象"。事实上，这种现象开始于性成熟之前或与性成熟同时开始，终止于性成熟后的半年到一年。男性的急速成长从 *10.5 ~ 14.5* 岁开始，在 *14.5 ~ 15.5* 岁左右达到顶峰期，以后逐渐减慢，到 *18* 岁左右时身高便达到充分发育水平，体重、肌肉力量、肩宽、骨盆宽等也都得到增加，与此同时性机能和第二性征也发育成熟。如女性在月经及第二性征这些外部变化的同时，生殖器官也逐渐发育成熟，外阴开始出现了阴毛，阴道内分泌物开始增多，子宫发育变大，卵巢皮质中的卵泡开始有了不同阶段的发育变化。这一切都表明，青少年开始向性成熟期过渡。而这些变化无疑也对青少年的心理特征产生了重大的影响，甚至还会改变他们的行事作风及方法，他们看起来比以前更加成熟和稳重。

青春期意味着叛逆

青少年的身高在这个阶段迅速增长，有的甚至还会超过成人，此时他们会意识到自己不再是一个孩子，心理上会要求父母用对待成人的态度来对待他们。很显然，这种要求其实就是他们对自身的一种成熟看法。但是从父母的角度来看，此时的孩子是貌似成熟实则不成熟，因此还会像以前那样对待他们，于是两代人之间很容易出现分歧。再加上身心逐渐开始走向成熟，他们往往会采取反抗父母的态度，否定以前发展起来的一些良好品质。这种反抗倾向，会引起少年对父母、学校以及社会生活的其他要求、规范的抗拒态度和行为，从而会引起一些不利于他们的社会适应的心理卫生问题。总之，此时的青少年有着自己独立的见解，他们要求有更大的生活空间，而且敢于坚持，自我意识明显增强。

青春期意味着变化

青春期，是青少年身心变化和发展最为迅速和明显的一个时期。除了生理上的变化之外，他们做事的行为模式、自我意识、交往与情绪特点、人生观等，都开始渐渐地脱离了儿童的特征而逐渐成熟起来，十分接受成人。同时，这些迅速的变化，也会使不少青少年产生困扰、自卑、不安、焦虑等心理问题，甚至产生不良行为。可以说，青春期是一个既可以预测、又不可预测的时期，充满了变数令人们难以捉摸下一刻会出现什么问题。

青春期意味着危险

青春期不仅是美好的，同时它也是危险的。在步入青春期之前，儿童只能躲在父母的大伞之下，跟着父母的指示来走人生之路。而步入青春期的少年，则像是一个刚刚从鸟巢中出来，展开稚嫩的双翅学习飞翔和生存的新鹰，世界对于他们来说太新奇了，也太辽阔了，他们总是恨不得用尽自己所有的力量去探索和发现。那种摇摇晃晃、摔摔打打的不稳定，那种乱闯乱撞、不躲不闪的不安全，那种只顾追求、不再拼命张开小嘴等待大鸟吐出口中食物的盲目独立，的确充满了危险、充满了危机，需要成鸟的辅导，但更是一种积极向上的生命礼赞。

青春期意味着负重

在青春期之前，孩子们可以把所有的事情都推给父母，推给社会，他们只需做无忧无虑的自己就行了，没有人会因此而怪罪他们。但是在青春期之后，他们便会意识到：自己肩上的义务和责任突然加重了。青春期是过渡时期，青少年要逐渐担负一部分由成人担负的工作，环境可能不断把一些由成人来办理的事项交给他们去办理，加重了他们的负担，但这些负担是他们成熟所不可缺少的，如果不增加负担，日后他们便不可能成熟。因此，从这个角度来看，青春期不折不扣的意味着负重。

青春期是一个发展的时期，决定了青少年要应付由身高、体重、肌肉力量等的发育成熟，特别是性的发育成熟所引起的各种变化及问题，心理压力相对增大过速。青春期是变化的时期，决定了他们必须在抛弃各种孩子气、幼稚的思想观念和行为模式的同时，逐步建立起较为成熟、更加符合社会规范的思想观念和行为模式。青春期是个反抗的时期，决定了在应付自己的反抗倾向的同时，还要极力维持和保护与社会的正常关系。正视青春期问题，愿每个青少年都能够健康平安地度过。

2. 青春期的年龄划分

由于受到遗传因素、生活条件及环境的影响，使得各个国家与地区对于青春期年龄的划分也不尽相同。国际上通用的青春期年龄是在 *10 ~ 19* 岁，这样一个比较大的幅度可以概括适用于更多的国家和地区。在我国，则又有其不同的具体划分。

青春期的划分

我国把青春期年龄划分为 *10 ~ 20* 岁。这其中又细分为三个阶段：*10 ~ 13* 岁为青春前期，*14 ~ 16* 岁为青春中期，*17 ~ 20* 岁为青春晚期。

1. 青春前期：在此期间，女孩会出现月经初潮，男孩睾丸发育出现首次遗精，这是他们进入青春期的重要标志。在此之前的大约两年时间里，女孩会出现乳房发育，骨盆开始变宽，臀部变圆，身高及体重增长速度超过平均数。男孩则睾丸、阴茎开始发育，身高、体重也迅速增加。但整体来说，男孩的发育没有女孩明显，此时女孩的身高也高于男孩。

2. 青春中期：此时期又称为性征发育期。即在身高剧增的同时，生殖器官及第二性征发育成熟，由于内分泌功能活跃，使其产生性骚动。

3. 青春后期：这一时期的主要特征是，青少年的性器官完全发育成熟，体格形态发展也开始逐渐完善。

影响青春期年龄的因素

进入青春期的年龄受到许多因素的影响，归纳起来可以分为两大类，即遗传和环境因素。前者为内因，后者为外因。

1. 遗传因素：遗传因素既包括种族，也包括家庭。不同种族的少女，其初潮年龄而言，可相差 6 岁之长。而同一个家庭的女孩，其初潮年龄则仅仅相差十几个月而已。事实也证明，亲属关系越近，初潮年龄越接近。

2. 环境因素：环境因素包括很多方面，如气候、平时的营养、生活条件、体育运动等等。一般来说，生活在热、湿地区的青少年，发育往往较早，而居住在干、寒地区的青少年，相对来说发育较晚。此外，营养状况也是影响青春期年龄的重要因素，由于人类生活条件的改善，特别是营养状况的改善，进入青春期的年龄有明显提前的趋势。

虽然进入青春期的年龄各有不同，但总体来说相差还不是太大。如果你发育过早或是过晚，则千万不能大意，应该尽快到医院进行检查，看看是否身体的某项机能出了问题。

3. 青春期的发育特点

青春期，可以说是人类的"第二次诞生"，可是不少心理学家却称这一时期为人生中的"第二次危机"。如果说人生的第一次危机——"断乳危机"是在温暖的襁褓中度过的，幼儿的反抗充其量也不过是无力地挣扎、无望地哭闹。那么，人生的第二次危机——从精神上脱离父母的心理"断乳"，却来势迅猛，锐不可当。青少年此时的身体将会发生一系列引人注目的变化，那么这段时期又具备什么样的特点呢？

青春期的身体状况

青春期起始于生长的突增，终止于骨骺的完全愈合，当躯体停止生长后，性发育完全成熟。这一阶段是生长发育的最后阶段，也是决定人们一生中素质、体格、行为、性格和智力水平的关键时期。

1. 内分泌发生变化。青春期发育是以下丘脑——垂体——性腺为中心的内分泌系统变化的结果，而下丘脑则受大脑皮层、松果体等神经内分泌调节。下丘脑在青春期前夕迅速发育，分泌多达 *10* 种以上的激素作用于腺垂体，而垂体则分泌各种促激素。在这些促激素作用下，儿童身体各部分、各器官出现青春期变化，同时卵巢、睾丸、肾上腺、甲状腺也迅速成长，并分泌出相应的激素。

2. 形态的发育。人类在个体发育过程中，在胎儿期及出生后的第一年内，形态发育是最快的，以后的发育速度逐渐降低，到了青春发育前是最低点。进入青春期后，便出现了第二次的加速生长，并迅速达到增长的高峰，然后增长速度开始逐渐缓慢。

青春期人体各部分的发育时间和发育速度是并不是同步的。大量观察发现，肢体生长比躯干早，纵向生长比横向生长要早。

到了青春期后期，男性在身高、体重等方面的形态指标数值均大于女性，并且由于身高、肩宽在男女间的差距大于体重、盆宽的男女差距；男性肌肉量多大于女性；女性的脂肪积累增多，尤其是胸部和臀部。最终便形成了男女各自所特有的体型。

3. 机能的发育。青春期的机能发育是落后于形态发育的，所以，尽管其躯体已接近成人，但生理极限和劳动、安全负荷都远远小于成人，过度负重会严重损伤骨骼、关节、韧带和心血管系统等，因此，

一定要特别重视青春时期的健康保护。

4. 性的发育。性的发育是青春期发育中最重要的特征之一，它主要包括生殖器的形态发育、功能发育和第二性征的发育。

女性青春期的发育特点

对于女性，青春期是指从月经初潮到生殖器官逐渐发育成熟的时期。一般从 13 岁到 18 岁左右。是性器官的发育导演了从女孩到姑娘的过渡。这个时期的生理特点是身体及生殖器官发育很快，第二性征出现，开始出现月经。随着青春期的到来，全身成长迅速，逐步向成熟过渡。女孩性发育包括生殖器官的形态发育、功能发育和第二性征的发育，大体上分为六个阶段，也就是所说的性发育的六个"里程碑"。

9 ~ 10 岁：性发育开始启动，首先是骨盆的发育，在这一时期的骨盆开始逐渐增宽。接着是胸部，一侧或双侧的乳头会像芽胞一样迅速的崛起。

10 ~ 11 岁：乳房开始逐渐膨起，如小丘状，仔细触摸会感到有个质地稍硬的块状物，同时乳晕面积增大，这表明了乳腺发育的正式起步。

11 ~ 12 岁：阴部开始出现少量短而细的茸毛，但这并不是真正的阴毛。

12 ~ 13 岁：乳房在卵巢分泌的雌激素的刺激下，明显加快了增长的步伐，常有轻度的疼痛感袭来，这时不必紧张，因为这属于发育过程中正常的生理现象，等乳腺发育成熟后，疼痛感会自行消失。

13 ~ 14 岁：大多数的女孩都会迎来第一次月经，也就是月经初潮。有的可能提前到 11 ~ 12 岁，也有的要晚到 18 ~ 19 岁。月经初潮是青春期的重要标志之一，但初潮时卵巢功能尚不稳定，故月经周期不规律，以后会逐渐由不规律性变为有规律性。排卵多在初潮后第二年周期正常后开始，每一个周期都可能排卵。与此同时，双侧腋下开始长出腋毛。

14～15岁：骨盆进一步明显增宽。月经的周期性初步形成。但月经周期延长到6个月以上或一次经期超过11天，均属不正常现象，应尽早向医生求助。真正的阴毛开始取代茸毛，阴毛生长要经历稀疏、浅色阴毛，到逐渐变深、变粗呈卷曲状，并由少量分布变为比较密集分布等阶段，才能达到正常成年女性的阴毛分布状态。同时，乳腺继续发育，脂肪和血管增多，使整个乳房隆起，乳头四周棕色的乳晕逐渐扩大。80%的女孩子直到16～19岁时乳房发育才能接近成人。值得注意的是，乳房发育除了会受到激素影响外，遗传因素对其的影响也非常大。

青春期的发育带着很强的时期特点，青少年一定要尽早了解这些特征，以免让自己陷入一种极度迷茫和困惑的状态。多掌握一些青春期知识，你便能更快地把握人生。

4. 青春期的心理特点

青春期是人一生中精力充沛、兴趣广泛、对人生充满美好幻想和有强烈的竞争精神和创造力的上升时期，因此又被称为"黄金时期"。在此期间，青少年的心理上会发生一系列微妙而又复杂的变化，很容易产生焦虑、困惑不安的不良情绪。本节就为大家介绍一些青春期时的心理特点，看看你是否也具备这些心理。

独立意识增强

随着年龄和见识地不断增长，青少年与社会的交往和接触越来广泛，他们渴望独立的愿望也日益变得强烈。他们不愿意受到家长及老师的束缚，渴望有属于自己的一片天空，更希望能够独立自主地面对人生。为了追求独立，有些人甚至不惜与家长反目，这是大多数青少年的普遍心理。但是，这种欲望并不稳定，他们对自我的认识和评价过高或过低，常被一些矛盾所困扰，结果带来一些很不必要的烦恼。

情感更加丰富

步入青春期的青少年热情活泼，富有活力，情绪高昂，激情满怀。他们总是十分乐于参加各种活动，如唱歌、跳舞、体育运动、辩论等等。对于未来，他们也充满着美好的憧憬和幻想，这是情感、情绪上的所长。相对来说，男生的情感较为不拘小节，他们大多数人都比较崇尚"喜形不露于色"，似乎这样才能显现出男人的成熟与稳重。不过，男生的情感一旦外露，则会表现得相当强烈，常常直言不讳或逆反表达。而女生的心思则十分细腻，遇到事情也更容易动感情，甚至是激怒。总之，此时的少女会为某一件小事嘻笑不止，又会为某事不顺利而嘤嘤啜泣。可以说，她们的感情是十分外露的。此外，她们也开始注意自身的面容和打扮，并且开始按着自己的道德标准和审美观点选择朋友。

好奇心及模仿性强

青少年总是对外界充满了好奇，他们渴望进一步地了解世界，同时也会对一些他们平时所向往的人或事进行模仿，这样的心理状态使得他们青少年很容易受别人的影响。当然，拥有好奇心和模仿心理是好事，但前提是青少年必须先让自己树立正确的理想，培养健康的心理状态，如此才能顺利地度过青春期。

意志更加坚强

青春期的学生在活动中的主动性、进取精神及自制力都明显的增强。但由于身体成熟和思想发展的不平衡，在意志上都有受情绪的影响而波动的现象。女生的行为有时容易受环境或他人的暗示，男生随着自我意志的增强，往往不听教师或家长的教育和帮助，因主观、片面地看问题而产生偏差。如能根据"培养良好思维品质"和"培养良好意志品质"的要求主动自觉地培养这两种品质，那不但能发扬这一时期意志上的强项，也能有效克服意志上的薄弱环节，使自己在青春期能更健康的发展。

对于"性"产生困惑

在青春期这个过程中，人体生殖系统开始迅速发育，但很多青少年对自身的性发育及性成熟的生理变化常感到神秘不解。但由于受到世俗观念的影响，他们又不敢明目张胆地去问家长或是老师。其实，"性"也是人体的一部分，它并没有什么值得害羞的。青少年一定要改变这种陈俗落后的观念，正确地对待"性问题"。在让自己通过正确的途径了解性知识外，还应该学会安排自己的业余生活，激发起健康的生活情趣。

人际交往欲望强烈

这时的青少年十分渴望同他人交往，希望自己能够结交到志趣相同、年龄相仿、能够相互理解、分享生活感受的知心朋友，尤其是对自己所属的集体，有强烈的归属感和依赖性。他们会觉得在群体当中有一种安全感。他们的言行、爱好、衣着打扮都互相影响，信任伙伴胜过信任家长和老师，他们互相倾吐内心的秘密和苦恼。对自己周围的人，他们会尽量保持良好的关系，宁肯自己受点委屈，也要保持生活圈的平衡与协调。

对照以上的几种情况，青少年朋友是否发现了自己的影子呢？青少年朋友一定要根据自身的情况，来对自己有计划地做出规划和调整，让自己拥有好的心理，摒弃坏的心理，从而拥有一个健康的青春期。

5. 男性的生理结构

男性外生殖器官结构

男性的生殖器官分为内外两个部分。内生殖器包括睾丸、输精管和附属腺；外生殖器包括阴囊和阴茎。这些器官在青春期前发育非常缓慢，进入青春期后，在促卵泡生成激素、促黄体生成激素及雄激素的作用下，开始迅速发育，其速度远远超过其他系统。

男性的生殖器官结构

阴囊，像个起皱的小口袋，由腹壁皮肤形成，颜色比周围皮肤深。阴囊分左右两半，正中连接起来，左右两半囊里各有睾丸和附睾一个。阴囊的皮肤有弹性，表面皱褶很多，气温高时松弛，皮脂腺和汗腺分泌旺盛，加速散热；气温低时收缩，减少散热，并向身体靠拢。阴囊的这种自动调节功能，主要是保护睾丸的生精功能。阴茎是男性进行性行为的器官，其前端是龟头，神经纤维丰富，是男性最敏感的一个部位。

睾丸是男性生殖器中最重要的一部分，它是一对呈卵圆形的腺体。男孩在出生时，睾丸大多数已降至阴囊，此时约有 10% 尚未下降，一般情况下一岁内都能下降至阴囊，但到长大成熟后，仍有 0.2% 未降，称为"隐睾"，应及早去医院检查治疗。自出生到 10 岁前这一段时间性器官发育较慢，到青春期开始时会进一步发育，分泌的雄激素能够促进第二性征的出现。

睾丸可以产生精子，睾丸中曲细精管上的间质细胞则会分泌出大量雄激素和少量雌激素，所以它又是男孩重要的内分泌器官。青春期前的男孩，睾丸体积增加很小。睾丸容积一般为 $1 \sim 2ml$，很少有 $3ml$，发育也很不完全，曲细精管狭细呈条索状，没有明显的管腔。进入青春期后，大概 12 岁左右，睾丸容积会迅速发育，容积往往会增至 $12ml$ 以上。睾丸的增大通常是男孩进入青春期的第一个征象。在睾丸体积增大的同时，曲细精管长度、弯曲度也迅速增长，精原细胞分裂，并繁殖成为各期的精原细胞。与此同时附睾、精囊腺、前列腺也伴随着睾丸的发育而迅速发育，输精管管腔逐渐增粗、增长。性器官发育到一定程度后，睾丸开始产生精子，同时间质细胞分液出雄激素等。由于阴茎迅速增大增粗，包皮渐渐向后退而露出龟头。如果青春发育后包皮仍然包着龟头，需要翻动后才能露出者，称为包皮过长；若不能翻出来的，叫做包茎，需要手术治疗。包皮内常积存有包皮垢，青春发育期，包皮垢产生的比较多，应当经常翻过包皮清洗一下，以免引起龟头或包皮发炎。

睾丸里产生的精子还未完全成熟，进入附睾后会继续吸取营养并发育。输精管紧接附睾尾部，与精囊腺的排泄管合成射精管，通过前列腺开口于尿道。睾丸——附睾——输出精管——射精管——尿道口，是精子处排的必由之路。在睾丸等发育的同时，前列腺和精囊腺等伴随睾丸发育也逐渐成熟，并产生分泌物。男性生殖器官的附属腺有精囊、前列腺、尿道球腺等。青春发育开始后，上述诸腺体均迅速发育并分泌液体，与精子混合后形成粘稠的乳白色精液。

男孩进入青春期后，阴茎、阴囊开始迅速发育。阴茎、阴囊的发育可分为五个阶段。

1. 婴儿状态，从出生开始直到青春期开始前，外生殖器稍有增长，但外观上总的看来几乎没有发生什么变化。

2. 阴囊开始增大，阴囊皮肤有些变红，质地也发生变化。

3. 阴茎长度增加，宽度也略有增加，阴囊进一步长大。

4. 阴茎长度、宽度进一步增大，阴茎头形成。阴囊进一步增大，阴囊皮肤颜色变得更深。

5. 外生殖器在大小和形状上接近成人。

阴茎、阴囊的发育个体差异比较大，有的男孩 15 岁时阴茎、阴囊的发育便达到成人大小，而有的男孩直到 18 岁（偶尔情况下甚至更大些年龄）才能充分发育。具有勃起功能，并首次出现遗精。

遗精是男性特有的生理现象，是青春期发育的重要标志。青春期后，健康男性均可发生。青春期男性，随着生殖器官发育，出现第二性征如毛发（阴毛、腋毛及胡须）生长、变声及出现喉结等。阴毛最先出现，其次是腋毛。腋毛出现一年后，会长出胡须。

怎样鉴别男性生殖器官的发育延迟

男孩在青春发育时期，睾丸分泌的睾丸酮会急剧增多，血液中的睾丸酮可升高十几倍。这些雄激素会使男孩的肌肉发达，肩宽臀阔，嗓音低沉，胡须生长，外生殖器发育逐渐完善，呈现出成年男性特有的体态特征。

有些男孩在青春期可能会出现声音尖细，没有胡须、腋毛及阴毛，性器官犹如幼童，这说明他们体内的男性激素水平不足，青春期发育尚未到位，但这不一定是异常。青春期发育的年龄受遗传、体质、营养、健康状况及地理条件等多种因素的影响，有很大的个体差异。在我国，男孩青春发育期一般要在 10 到 14 岁才开始，并在五年内逐渐完善。因此，如果一个 14 岁以下的男孩，除未发育外，身体没有明显的异常，则尽可以观察等待。如年龄超过 14 岁仍无任何青春发育征象，或从青春期开始到生殖器官发育完善的时间超过五年，则应视为青春期性发育延迟。但多数青少年最终还可达到正常的发育，仅有少数由于下丘脑垂体性腺系统有病，而引起性腺功能减低。患这种病的青少年如果不经过正规治疗是很难痊愈的。

还有一种简便易行的鉴别方法，那就是：对睾丸定期进行系统的测量。男孩青春期发育最早的体态变化就是睾丸开始变大，在青春期中，男孩的睾丸快速增大，直到 *15～25* 立方厘米。因此，睾丸变化是观测男孩青春期发育的一个灵敏指标。如果男孩 *8～10* 岁时，睾丸在逐渐长大，说明发育正常，如果睾丸体积已超过 *5* 立方厘米，表明青春期的剧变可能在一年内到来。但如果在不发育的同时有以下情况：*16* 岁时仍无任何青春期发育的表现；睾丸小于两立方厘米或阴茎短于三厘米；有尿道下裂、隐睾等生殖器方面的畸形问题。若出现这种情况，一定要去医院及时的进行检查。

生殖器官是每个人最重要的性器官，男性一定要注意维持它的清洁卫生，因为它的安全是最重要的。

1. 要经常清洗阴茎。男孩的包皮通常是盖住阴茎头的，随着青春期发育的开始，阴茎上的包皮会逐渐向上退缩，慢慢露出龟头。在这一变化过程中，阴茎头部冠状沟内很容易聚积污垢，形成"包皮垢"。包皮垢是细菌的良好栖息之地，很容易导致包皮和阴茎头发炎，这种炎症甚至和阴茎癌的发生有着一定程度的关联。所以，男孩应该养成经常清洗阴茎和阴部的习惯。在清洗时，将包皮往上推送，露出龟头，然后用手指合着肥皂和清水慢慢地进行清洗。

2. 经常更换内裤。为保持外生殖器的清洁，应该经常更换内裤，内裤最好选用透气性好的棉纺织品。男孩穿着的内裤应略为宽松，切忌在平时始终穿着游泳裤。男孩的睾丸需要处于略低于体温的环境中，内裤过紧，会使睾丸长期紧贴身体，容易影响到睾丸的生精功能，进而影响正常的生育能力。

3. 注意保护睾丸。睾丸是身体的重要器官，十分脆嫩，又因为露在体外比较容易受到伤害。所以，在嬉戏运动过程中，一定要注意随时保护好自己的生殖器官。

4. 若发现生殖器有问题，应及时到医院检查诊治。青春期男孩生殖系统的疾病有两类。一是泌尿生殖系统的先天畸形，如阴茎畸形、异位尿道、隐睾症、先天性睾丸发育不全等。另一类则是泌尿生殖系统的常见疾病，如前列腺炎、肾上腺增生症、包皮炎、包皮过长等等。

生殖器官是孕育人类和延续生命的重要器官，对于男性来说就是他们的"命根子"，因此，了解它的结构和重视对它的保养是非常有必要的。

保护好你的阴囊

阴囊是一个皮肤囊袋，它位于阴茎后面，有色素沉着，薄而柔软，中间有一隔将阴囊分为左右两室，每个室内有睾丸、附睾、输精管。阴囊上有很多皱折，能收缩和扩张，可以调节睾丸周围的温度，有利于睾丸产生精子。因阴囊位于皮肤外面，里面有重要的睾丸，又布满了神经，对外界刺激很敏感。所以，作为男人一定要保护好阴囊，对处在青春期的男孩，千万不要让其受到外力的刺激，让其远离皮肤病。

保护阴囊，远离阴囊皮肤病

因为阴囊本来就很敏感，所以经常容易发生一些皮肤病。阴囊皮肤薄而柔软，皮层内有丰富的汗腺、皮脂腺，容易产生汗液。由于它位于大腿内侧，汗液和热量都不易散发，在这种温热和潮湿的环境中，有利于细菌的生长。不可避免阴囊皮肤会与裤子及大腿皮肤接触摩擦，也容易受到损伤，再加上阴囊的皮肤表面有许多皱襞，容易藏污纳垢，引起各种阴囊皮肤病，如不及时治疗，会给人带来痛苦。

男性阴囊部位最常见的皮肤病有湿疹、癣病、疥疮和核黄素缺乏。

阴囊湿疹：其病变一般都局限于阴囊部位，有时可延及会阴部和肛门周围的皮肤，一般很少累及阴茎。通常有渗溢型和干燥型两种：

渗溢型皮肤呈水肿性肿胀，伴有糜烂、渗溢、结痂，间有皲裂。干燥型皮肤粗糙干燥、纹深、皮肤发硬、色素增加，可伴有皮肤萎缩或出现色素减退斑。局部奇痒难忍，尤以闲暇之时和晚间明显。其病程可能是数月甚至是数年。

阴囊癣病：是真菌感染，一般是由股癣蔓延而来，有时累及会阴部、臀部和耻骨部的皮肤。皮疹边界清楚，表面常有细小鳞屑，早期与气候有关，常夏天发病或加重，冬天减轻或痊愈。如此长期反复发作，使皮肤增厚、色素增加，皮肤纹路加深，这时与慢性湿疹很相像。区别其与慢性湿疹的特征是皮疹附近常有典型的股癣存在。

阴囊疥疮结节：是因为疥螨感染所导致的。通常情况下，有疥疮感染史，以后在阴囊皮肤上出现黄豆甚至蚕豆大的、略高出皮面的暗红色的结节，表面较光滑，边界清楚，数目可多可少，但互不融合，局部奇痒。

核黄素缺乏症：这类患者大多数是因为过集体生活时，由于饮食不习惯、胃肠道功能障碍、劳动强度增高或事物营养不足而引起核黄素缺乏，有的还伴有舌炎、唇炎和口角炎等。

给阴囊"降温"

炎炎的夏日，人们总会在防暑降温上花费大量的工夫。但很多男性都忽视了一点：给阴囊"降温"。有专家调查显示，现代男性由于长时间静坐不动，阴囊长期局限在狭窄空间里难以透气，自身温度就会升高，影响精子生成。除此之处，让很多青年男性谈之色变的不育症，也跟他们青睐的时尚紧身内裤大有关系。

由于阴囊皮肤很脆弱，对外界温度非常的敏感。当气温较低时，阴囊肉膜的平滑肌和提睾肌收缩，使睾丸位置升高，阴囊皮肤就会紧缩成密密的皱褶，并回缩至会阴部，防止散热，这有助于保温。反之，当外界温度升高时，平滑肌和提睾肌松弛，睾丸就会下降，并离开躯体，阴囊皮肤也相应松弛，增大散热面积，有利于局部散热。通常情况下，阴囊就是通过这种方式来调节阴囊内温度的。

对于阴囊的这种本领不可小窥，它对于人类繁衍子孙后代太重要了。因为温度对睾丸生精过程有很大影响。正常情况下，阴囊内温度比体温低2℃左右，是生精的最适宜温度。温度过高，生精作用就会出现障碍，甚至完全停止，同时睾酮的分泌也将减少，而这些改变可能导致男子不育或性功能障碍。

男性对阴囊的爱护，可以简单的总结为"两多两少"：多活动，多给阴囊散热的机会；少坐着，少穿紧身内裤。

6. 女性的生理结构

女性外生殖器官结构

性器官是人们身体重要的一部分，它和五官及心脏一样，所以我们不要因为它与生育、性关系有关而感到害羞，甚至不耻。当女孩进入青春期后，她们的生殖器官也正在逐渐发育完善。那么，女性的生殖器官结构到底是怎样的呢？

女性生殖器官包括外生殖器和内生殖器两部分，女性外生殖器指女性生殖器官的外露部分，又称外阴，包括阴阜、大阴唇、小阴唇、阴蒂、阴道前庭、前庭大腺、前庭球、尿道口、阴道口和处女膜。其上界为阴阜，下界是会阴，两侧居股内侧。女性内生殖器位于盆腔内，由卵巢、输卵管、子宫、子宫颈和阴道组成。

女性外生殖器的结构：

1. 阴阜：阴阜位于耻骨联合前面隆起的外阴部分，其含有丰富的

脂肪组织，表面被阴毛覆盖。女孩在进入青春期之后，阴阜皮肤上开始长出阴毛，并且呈现尖端向下的倒三角形。

2. 大阴唇：大阴唇是外阴两侧、靠近两股内侧的一对长圆形隆起的皮肤皱襞。大阴唇有遮盖并保护阴道的作用，其前连阴阜，后连会阴。从阴阜起向下向后伸张开来，前面左、右大阴唇在阴阜联合成为前联合，后面的二端在阴唇系带下方会合成为阴唇后联合，后联合的部位接近于肛门之前，但看起来不如前联合明显。大阴唇的皮下是有较厚的疏松脂肪组织、弹性纤维及静脉丛，如果受到外伤则很容易引起浮肿现象。大阴唇的外侧面皮肤上有色素沉着，上面长有阴毛，内侧面则呈现出淡红色，类似于粘膜的外观，无阴毛。通常情况下，未婚的女性两侧大阴唇是自然合拢的，覆盖住小阴唇、阴道口及尿道口。需要强调的是，大阴唇的个体差异较为明显，有的又肥又厚，有的又小又薄。

3. 小阴唇：小阴唇是一对薄的粘膜皱襞，在大阴唇的内侧，布满了血管和神经末梢，对触感十分敏感。小阴唇的颜色呈现出褐、粉红、鲜红或黑红，在它的左右两侧的上端分叉相互联合，然后又分为两叶。其上方的皮褶称为阴蒂包皮，下方的皮褶称为阴蒂系带，在它们的中间就是所谓的阴蒂。小阴唇的下端是在阴道口底下会合，与大阴唇的后端融合，形成阴唇系带。和大阴唇一样，小阴唇的形态和大小也存在很大的个体差异，有的人小阴唇长得窄，而有的人则长的很长，一直垂到大阴唇的外边。外观形状上也各不相同，有的呈现出不规则的伞状，有的则是典型的半圆等等。

4. 阴蒂：阴蒂又称阴核，位于两片小阴唇上方接合处，它是一个圆柱状的小器官，整个被阴蒂包皮包绕，长度大约有四厘米左右，布满了神经末梢。正常情况下，只有阴蒂的头部外露。若阴蒂受到刺激，便会胀大变硬，受伤后易出血。阴蒂虽然是外生殖器的一部分，但它并不具备生殖功能。

5. 前庭：两侧小阴唇所圈围的棱形区称阴道前庭。表面有粘膜遮盖，近似一个三角形，三角形的尖端是阴蒂，底边是阴唇系带，两边是小阴唇。尿道外口在前庭上部。阴道口在它的下部。左右两侧各有一前庭大腺开口。此区域内还有前庭球。散布的小前庭腺与男性尿道旁腺相当。再下方可看见菊花状的肛门。在阴道、肛门之间有会阴部小空间存在。

6. 前庭大腺：前庭大腺又称为巴氏腺，位于阴道下端，两侧大阴唇后部，被球海绵体肌所覆盖。前庭大腺的腺管十分狭窄，只有不到两厘米，开口于小阴唇下端的内侧与处女膜中下 1/3 交界的沟内，腺管的表皮大部分为鳞状上皮，仅在管的最里端由一层柱状细胞组成。

7. 尿道口：尿道口介于耻骨联合下缘及阴道口之间，看起来是一个不规则的椭圆小孔，平时的小便便是由此流出。在尿道口的后壁有一对腺体，叫做"尿道旁腺"，开口于尿道后壁，常常是细菌的潜藏之地。由于尿道口很短，且很直，因此很容易将细菌带入尿道，引起感染，因此女性朋友应该注意卫生。

8. 阴道口：阴道口位于尿道口下方，比尿道口略大，是阴道的入口，阴道口内是一片很薄而有小孔的处女膜。

9. 处女膜：处女膜位于阴道口与阴道前庭的分界处，是环绕阴道口的中间有孔、不完全封闭的一层薄膜状组织。女性每月一次的月经便是由此流出，处女膜的厚薄、大小及形状因人而异。通常情况下，女性的处女膜都是单孔的。

女性的内生殖器结构：

和外生殖器相比，内生殖器就显得隐蔽多了，除非通过现代医学仪器，否则是无法看到它的真实面目的。从正面来看，女性的内生殖器就像一个穿着蝙蝠衫的人，子宫相当于躯体，输卵管就是两支伸展的胳膊，卵巢则位于腋下。

1. 阴道：阴道是一条长约八厘米的管道，极富有韧性，由于女性在分娩时胎儿由此通过，故又称产道。

2. 子宫：子宫位于下腹的中部，形状就像一个倒放的梨，长约7.5厘米。子宫上端隆突部分称为子宫底，其两侧为子宫角，与输卵管相通。子宫里的空间称为子宫腔，是胚胎生长的地方。这世界上所有的人，第一个温暖的"家"就是子宫。

3. 输卵管：输卵管一端开口于子宫腔，另一端开口于腹腔，是与子宫角相连的两条管道，依序分为子宫部、峡部、壶腹部和伞部。

4. 卵巢：卵巢位于输卵管的下方，左右共有两个，其功能是分泌雌激素，它与输卵管又被称为子宫附件。

生殖器是女性的重要器官，但它的外观是因人而异的，不过这种外形上的差别并不会对其生理功能产生重大的影响。但在现实生活中，常常会有一些女孩为自己的外阴与书刊上的模式图不同而引起心理上的障碍，其实这是没有必要的。艺术家贝蒂在她20岁那年，曾经用一面镜子首次窥视自己的外阴部，结果发现她的外阴是一堆"垂肉"，因其小阴唇是伸长型的，因此便对自己产生了厌恶。直到她35岁那年，丈夫告诉她"您的外阴是美丽的"，才改变了她的看法。后来，她还用笔做了描绘，帮助不少女性对自己的外阴树立自信心。

子宫的结构与保护

子宫是女性体内最重要的生殖器官之一，被人们誉为"胎儿的宫殿"、"月经的故乡"和"生命的摇篮"。但由于子宫过于隐蔽，因此很多女性常常忽视了它的健康，直到有一天它出现了问题才后悔莫及。

子宫是以肌肉为主而组成的器官，它位于盆腔中部，膀胱与直肠之间，共分为四个部分，即底、体、峡、颈。子宫的上端钝圆隆起，位于两侧输卵管子宫口以上的部分为底；而颈则是指下段窄细呈圆柱状的部分，这个部分是炎症及癌肿的多发部位，很多女性子宫发生病变就是这个部位引起的。子宫颈主要由结缔组织构成，亦含有肌肉和血管，且子宫颈管粘膜有许多腺体，它们可以分泌黏液，这些黏液呈现出碱性，有防御疾病的作用，子宫颈又分为阴道上部及阴道部。那么何为体呢？体，就是指底与颈之间的部分，体的下部与颈之间的狭窄部分则为峡。女性在未妊娠时峡部仅一厘米长，不过妊娠之后峡的长度就会随着子宫的增大而逐渐变长，然后慢慢形成子宫下段，到胎儿足月时可以达到八厘米左右。因此，子宫峡对于生育来说是很重要的。子宫体与子宫颈的比例，在婴儿期为1：2，成年期为2：1。子宫两侧缘的上部与输卵管相接处，称子宫角。此外，子宫还有四条韧带，即子宫阔韧带、子宫圆韧带、子宫主韧带、骶子宫韧带。

子宫有一个十分特殊的"功能"，那就是：其位置可随膀胱与直肠的充盈程度或体位而有变化。如当人体直立行走时，子宫体几乎与水平面平行，子宫底伏于膀胱的后上方，子宫颈则保持在坐骨棘平面以上。一个成人正常的子宫呈轻度前倾、前屈姿势，前倾即子宫轴与阴道轴之间呈向前开放的角度，前屈为子宫体与子宫颈之间的弯曲。子宫的正常位置主要是依靠子宫诸韧带、盆膈、尿生殖膈及会阴中心腱等结构维持，一旦这些结构受到损伤或是出现松弛现象时，就会引起子宫脱垂。

子宫壁有三层，外面一层由腹膜覆盖为浆膜层；中间为肌层，是主要的也是最厚的一层；最里面的一层是内膜层。子宫内膜为粉红色的粘膜组织，由上皮（属单层柱状上皮，有分泌细胞和纤毛细胞二种）和固有膜（由结缔组织构成，其内有大量的星形细胞，称为基质细胞）组成。

青春期对子宫的保护

女孩第一次来月经时，便标志着子宫发育基本成熟。此时，子宫与外界的关系可以用一个词来形容那就是"开放"。由此也给形形色色病原微生物偷袭以可乘之机，有人统计过，因子宫患病而住院的病人，竟占妇科住院病人总数的一半左右。因此，处于青春期的女孩一定要加强防护措施，保护好子宫。

首先要自尊自爱。近些年来，令人担忧的非婚妊娠少女越来越多，导致人工流产率呈直线上升，有些人干脆自行使用药物流产。这些都会对子宫造成极大的伤害，因此少女一定要学会自尊自爱，为以后的幸福人生早做打算。

饮食上要减少高脂食物。高脂肪食物促进了某些激素的生成和释放，而子宫肌瘤的形成与大量雌激素刺激有关，坚持低脂肪饮食，要多喝水、按照自己身体的需要，合理地摄取必要的营养，忌食辛辣、酒类、冰冻等食品。

此外，少女平时还应该多到户外走一走，多做做运动，养成规律的生活起居习惯，这些都有利于子宫的生长发育。

7. 什么是第一和第二性征

所谓性征，是指男女两性生理上的特征。每个婴儿从一出生，便可以根据其生殖器官来分辨其性别。因此，生殖器官被称为第一性征，又叫做"主性征"。相应的，第二性征又叫做"副性征"，其主要在青春期时出现，以男女身体的外形为区别。

第二性征是和第一性征相对而言的，是人体内性激素作用的结局。在这里我们主要来介绍一下于青春期出现的第二性征，它主要是由于性激素的作用而发生改变的。

男孩的第二性征：步入青春期，男孩的身体开始发生明显的变化，身高开始猛增，肌肉逐渐发达，体表出现了多而密的汗毛，胡须也开始慢慢地生长出来。最明显的表现为，喉头突出，嗓音低沉等等。

男性的第二性征主要是由其体内的雄激素促成的，雄性激素能促进体内蛋白质的混合，使人体各个系统向雄性化的方向发展，如可以促使骨骼发育，呈现出男性骨骼结实，雄激素还促进肌蛋白合成，发扬出男子的肌肉发迹有力。雄激素还能够使男子头发稠密，眉毛、腋毛、腹毛、阴毛生长发育旺盛。此外，男子皮肤健硕，汗腺和皮脂腺发育红火，分泌物增多，胡须增长发育，也都离不开雄激素的"帮忙"。

女孩的第二性征：一进入青春期，女孩最为明显的表现就是月经初潮的来临，同时她们的皮肤开始变得细腻，骨盆变宽大，乳房开始渐渐隆起，阴毛出现，声调高细等，整个体形也会由于皮下脂肪多而显得体态丰满。这些身体形态方面的变化是具有生理意义的，如宽大的骨盆对婚后的分娩大有益处，发育的乳腺为哺乳所需。

需要强调的是，乳房的发育是第二性征中的重要部分。它于青春期开始发育生长，雌激素可以促进乳腺导管增生，孕激素促进乳腺腺泡发育。乳头在乳房顶部，富于神经末梢，因此刺激它对引起性欲起着重要作用。乳头由平滑肌纤维组成，当肌肉收缩时乳头竖起。乳头周围区域称为乳晕。乳房大小因人而异，但是小乳房和大乳房神经末梢的数目是相同的。而实际上每平方厘米乳房对性刺激的敏感度，小乳房高于大乳房，也就是说小乳房对性刺激更敏感。在心理学方面，乳房可能有重要意义，它们是女性的一个象征，或是吸引男性的一种工具。

从理论上来说，人们可以根据第二性征是否正常来判断青春期的发育是否正常。但在现实生活中，青春期的发育受到很多因素的影响，如生活条件和环境等。因此，可能会出现某个性征发育提前或错后一些，只要不是太离谱，都可视为正常现象，不必过于担心。

8. 女孩的月经初潮

青春期是一个重要的转折时期，在此期间青少年的身体会发生很大的变化，男生开始具备阳刚之气，而女生则开始出现阴柔之美。搞好孩子青春期的教育，让他们事先做好迎接青春期的准备，是非常有必要的。不过在现实生活中，很多家长并不能很好地处理孩子的这种烦恼，导致许多青少年对于青春期充满了迷惑和不解。那么，青春期身体到底会发生怎样的变化呢？

发育良好的女孩子，到了十三四岁之时，在生理上最为突出的变化就是月经初潮。对于青春期少女的首次月经，医学上称之为"初潮"。初潮是青春期发育的重要标志，表明卵巢分泌的雌激素已达到足以引起子宫内膜反应的水平。

古时，初潮会被认为是具有生育能力的象征，但实际并非如此，初潮时大部分女孩并没有进入正常的排卵周期，在没有成熟卵泡产生的情况下，绝大部分是没有生育能力的。

初潮年龄因个体的差异而不尽相同，那么是什么原因影响初潮呢？

营养：专家调查发现，五岁左右身体瘦弱、营养不良的女孩初潮平均年龄为 *15.2* 岁，而对于相同年龄身材较高、营养状况良好的女孩，她们的初潮年龄则会明显提前，平均为 *13.7* 岁。充足的营养直接影响着人们的身体发育，少女更为明显。身高和体重对初潮的年龄有着影响，身材高大、体重较重的女孩，比身材矮小、体重较轻的女孩的初潮时间要早。

疾病：人的疾病直接影响着一个人的健康，对其内分泌功能也有着影响。疾病会对发育中的少女造成推迟初潮来临期，甚者还可能会带来生育上的麻烦。常见的疾病中影响较为明显的是严重性先天性心脏病、慢性消耗性疾病、糖尿病、慢性肝炎、支气管哮喘、厌食症等。还有一些疾病会导致初潮的提前，如脑瘫、耳聋、视觉缺失、身体残缺以及胎儿16周前发生的异常情况等。

地理：海拔对少女的初潮有着一定的影响，所处位置海拔越高则越有可能会造成初潮推迟的现象。但这种差异也不能排除生活、营养等因素的影响，我国西藏的藏族女子，初潮的平均年龄为17.6岁，这与物质生活和地理环境有着一定的联系。

初潮还与生长环境、种族、家庭、社会环境等因素有着一定的联系。据调查，若是母亲初潮较晚的话，那么女儿的初潮年龄也会相应的往后推迟。天气的炎热或寒冷与否，对少女的初潮年龄影响不大，从我国的情况来看，东北地区的少女与南方少女相比，差异很小。

可提前发现疾病的存在。如果女孩到18岁之后仍无月经来潮，就要检查是否是生殖道下段闭锁，先天性无子宫或是子宫发育不良，卵巢肿瘤或是功能低下，内分泌或消耗性的疾病。除此之外，月经的时间和量的变化，也是发现和诊断疾病的重要依据。

可避免得血色素沉着症疾病。月经的作用是周期性的失血，可以消耗掉过量的铁，若身体内积聚过多的铁，会导致皮肤、心脏、关节、肝等处的病变，治疗铁过量的方法之一就是定期排放一定量的血液。血色素沉着症引起的器质性损害在女性身上可以说几乎不发生，而男性发病的几率则会大于女性。

可促进造血功能。月经所引起的机体经常性的失血与造血，让女性的循环系统和造血系统得到了一种男性所没有的"运动锻炼"，它使女性比男性更经得起意外的失血损伤。也正是由于月经才能够让身体较快地制造出新的血液以补充所失的血量。有报告证明，体重及健康状况相同的男女，若因意外失去相同比例的血量，女性有康复的可能性较大，而男性则会因此而致死。

对于初潮少女来说，面对月经的初次到来，心理上会出现紧张、羞涩、好奇等复杂的情绪，而身体方面也会出现腹胀、腹痛、腰酸、乏力、想睡、面部浮肿等种种不适状况，再加上紧张和学习的压力，其抵抗力和适应力都会有不同程度的减弱。

对初潮少女来说，加强身心保健和健康指导非常重要。

1. 少女自己可以看些关于青春期生理和心理方面的知识，要明白月经初潮是身体发育的必然所致，没必要紧张或是忧心忡忡，同时，要对月经初潮所引发的乏力、腹痛、嗜睡等做好心理调适，避免加重心理负担。

2. 初潮来临之时应避免做剧烈的体育运动、长时间骑车或跑步等，以避免因过度透支体力而导致抵抗力下降，从而引发感冒等疾病。可以做些活动量较小的运动，如散步等，适当的晒晒太阳也有杀菌的作用。

3. 在经期应做到经常清洁外阴，拒绝手淫，因为在此阶段机体的抵抗力在下降，若不注意清洁卫生，则很容易引起细菌感染从而产生疾病。据统计，初潮少女外阴瘙痒症的发病率为 6.9% 左右，其主要原因就与清洁度和手淫有关。

4. 在月经期间，应加强自我防护意识，要使用优质的卫生巾，万不可贪图便宜，使用劣质产品，更不可用消毒不严格的普通卫生纸来代替。

5. 在初潮来临之时，应注意劳逸结合，保证充足的睡眠，食用营养丰富、易于消化吸收的食物，这对增强体质、恢复体力和精力都有很大的益处。

6. 应避免接触冷水，注意保暖，最好不要参加诸如游泳一类的运动。

有的少女会因初潮的来临，总在夜间小腿抽筋，从梦中痛醒。这是怎么回事？

这是因为，少女初潮来临时，其卵巢发育尚未成熟，因不能充分地分泌雌性激素，这就造成钙质的吸收利用受到阻碍，进而引起子宫肌肉或身体某些部位产生痉挛，严重时会引起抽筋现象。所以，少女在初潮前后应特别注意在饮食中补充钙质，以减轻上述现象。那么，应该如何补钙呢？

多吃些富含钙质的食物，如虾皮、奶及豆制品等食物。此外，还可在食物中加入适量的食用骨粉，骨粉的吸收率很高，这对补充钙质很有效。

此外，与雌性激素分泌的钙质的吸收利用率也有着很大关系。因此，应保证合成雌激素原料的供给，如蛋白质、B族维生素、亚麻油酸和维生素E等。富含蛋白质的食物有肉、鱼、蛋、豆类食物；富含亚麻油酸和维生素E的食物有葵花籽油、菜子油、芝麻油等；富含B族维生素的食物有粮谷、胚芽、肝等。还有一点须注意的是，只有在维生素D存在的情况下，钙质才能被吸收利用，富含维生素D的食物有鱼肝油、奶油等。同时还要吃一些富含维生素C和泛酸的食物，如新鲜的水果等。

月经初潮是少女"长大成人"的重要标志，它既被很多少女期盼已久，同时又让她们感觉到忐忑不安，当这一刻终于来临时，不免会引起一阵许多少女心灵地震动。多了解一些初潮知识，就能够避免手足无措或是尴尬的场面出现。

9. 乳房的构造

千百年来，乳房作为女人的珍贵之物，一直被深藏，被层层保护，被严加防范。仿佛乳房就是不安分的兔子，很容易就会从没有关紧的笼子里跑出来，去祸害社会。一方面是乳房的重要性，另一方面是乳房的隐蔽性。这也导致了更多美妙绝伦的乳房在潜移默化中，成为女性健康的一个重大杀手。青春期，乳房会有哪些变化呢？

乳房，对于每个女人来说都是如此的重要。因为它象征着女人的阴柔，更是母性无条件爱的标志。对少女来说，青春期时乳房的发育比其他征象出现的要早。可是，又有多少女人了解它呢？揭开乳房内部结构的神秘面纱，是每个女人都要做到的，这是你让乳房健康所做出的第一步。

乳房的外观

乳房位于胸前部，胸大肌和胸筋膜的表面，上起第 2～3 肋，下至第 6～7 肋，内侧至胸骨旁线，外侧可达腋中线。乳头平第 4 肋间隙或第 5 肋水平。从外形看，乳房上有凸起的乳晕和乳头。乳头表面覆盖复层鳞状角质上皮，上皮层很薄。乳头由致密的结缔组织及平滑肌组成。平滑肌呈环行或放射状排列，当有机械刺激时，平滑肌收缩，可使乳头勃起，并挤压导管及输乳窦排出其内容物。乳晕部皮肤有毛发和腺体。腺体有汗腺、皮脂腺及乳腺。其皮脂腺又称乳晕腺，较大而表浅，分泌物具有保护皮肤、润滑乳头及婴儿口唇的作用。

乳房的内部结构

乳房的内部结构犹如一棵倒着生长的小树，"根"就是乳头，而"树冠"则是分支众多的呈辐射状排列的乳腺叶。其主要由腺体、导管、脂肪组织和纤维组织等几部分构成。

乳房腺体：乳房腺体是乳房的主要结构，由 *15~20* 个腺叶组成，构造类似皮脂腺，机能活动近似汗腺。每一腺叶分成若干个腺小叶，这些腺叶以乳头为中心，呈放射状排列。每一腺小叶又由 *10~100* 个腺泡组成。这些腺泡紧密地排列在小乳管周围，腺泡的开口与小乳管相连。多个小乳管汇集成小叶间乳管，多个小叶间乳管再进一步汇集成一根整个腺叶的乳腺导管，又名输乳管。乳腺组织与乳房健康密切相关，乳腺组织负责泌乳功能，它受激素控制，随着每个月经周期逐渐增大然后复原。

输乳管：乳房的输乳管共有 *15~20* 根，以乳头为中心呈放射状排列，汇集于乳晕，开口于乳头，称为输乳孔。输乳管在乳头处较为狭窄，继之膨大为壶腹，称为输乳管窦，有储存乳汁的作用。乳腺导管开口处为复层鳞状上皮细胞，狭窄处为移形上皮，壶腹以下各级导管为双层柱状上皮或单层柱状上皮，终末导管近腺泡处为立方上皮，腺泡内衬立方上皮。

脂肪组织：脂肪组织是乳房中脂肪最多的组织，其主要功能是控制乳房的大小。乳房内的脂肪组织呈囊状包于乳腺周围，形成一个半球形的整体，这层囊状的脂肪组织称为脂肪囊。脂肪囊的厚薄可因年龄、生育等原因个体差异很大。腺体组织和结缔组织漂浮在脂肪之中，脂肪多少决定乳房的大小。为什么不能过度节食，原因也在于此，节食的结果是全身普遍减脂，当然也包括乳房。乳房的变小当然也会影响到少女的整体美观效果，所以过度节食不可取。

结缔组织：结缔组织是乳房中防止乳房下垂的组织。结缔组织与胸部肌肉结合在一起，是悬挂乳房的组织。它完全没有弹性，一旦被过度拉伸导致组织断裂就难以回复，从而造成乳房下垂。因此，当乳房发育后，戴一副起到良好支撑作用的文胸十分重要，所以少女在平时要选择适合自己的文胸配带，过紧和过松都不宜。

乳腺组织：保持乳房健康乳腺组织负责泌乳功能，它受激素控制，每个月经周期逐渐增大然后复原。熬夜、暴食、情绪激动直接影响激素水平，体内激素水平动荡就会刺激乳腺组织，容易引发病变。

胸肌：决定乳房形状。乳房靠结缔组织外挂在胸肌上，胸肌的支撑决定着乳房的走向。为什么运动可以丰胸？通过锻炼能使胸肌增长，托高胸部，而锻炼韧带可以使得胸部更加挺拔，胸肌的增大会使乳房突出，胸部看起来更丰满。

除了以上列举的结构外，乳房内部还分布着丰富的血管、淋巴管及神经，对乳腺起到营养作用及维持新陈代谢作用。乳房的动脉供应主要来自：腋动脉的分支、胸廓内动脉的肋间分支及降主动脉的肋间血管穿支。乳房的静脉回流分深、浅两组：浅静脉分布在乳房皮下，多汇集到内乳静脉及颈前静脉；深静脉分别注入胸廓内静脉、肋间静脉及腋静脉各属支，然后汇入无名静脉、奇静脉、半奇静脉、腋静脉等。当发生乳腺癌血行转移时，进入血行的癌细胞或癌栓可通过以上途径进入上腔静脉，发生肺或其他部位的转移；亦可经肋间静脉进入脊椎静脉丛，发生骨骼或中枢神经系统的转移。乳房的淋巴引流主要有以下途径：腋窝淋巴结、内乳淋巴结、锁骨下/上淋巴结、腹壁淋巴管及两乳皮下淋巴网的交通。乳头、乳晕处的神经末梢丰富，感觉敏锐，发生乳头皲裂时，疼痛剧烈。

也许，你会觉得这些知识太深奥了，即使不知道也没关系。其实不然，了解乳房的这些内部结构，会有助于加深对乳房生理过程及病理变化的认识，能够更好地防治乳房疾病。因此，应该好好牢记这些知识。

10. 乳房的发育

乳房的发育是否正常，是衡量青春期发育是否正常的一个重要指标。有人说：女人是花，那么乳房就是蓓蕾。一直以来，人们就将女性乳房喻为生命之源泉。但是作为一个刚刚步入青春期的人，你对乳房了解的可能并不多。此外，很多人都认为，只有女性的乳房会发育，男性则不会。其实不然，男性的乳房也会发育，只不过不会那么明显而已。

女孩乳房的发育

步入青春期的你，知道自己的身体已经发生了变化，尤其是胸前那高耸的"山峰"。你也许只知道它的"成长"，却不知它的"成长全程"，更不知它的"成长里程碑"。在幼年时期，女孩的乳房是扁平的，只有乳头稍稍突起。到青春期，女孩的乳房开始隆起、增大，乳头和乳晕也相继增大，颜色加深。渐渐地，乳房形成盘状，再继续增大则呈半球形。

女孩的乳房发育一般是从乳头开始长大的。年龄大约在 8～12 岁，构成乳房的乳腺及其周围起保护作用的脂肪组织在乳房及其周围的乳晕处会形成一个纽扣样的小鼓包（乳蕾期）。此后，乳头开始变大，乳晕逐渐扩展，乳房和乳晕的着色逐渐加深。

大约 14～15 岁时，乳房发育比较明显，乳房明显地隆起。

大约 16～17 岁时，乳房丰满，线条清晰，乳晕略陷，乳头大而突出。

大约 18～20 岁时，左右乳房的大小和形状已是成年女性（乳房期）。但是，此时的女孩乳房还不能分泌乳汁，需要等到她生育后才有可能。

正常乳头呈筒状或圆锥状，两侧对称，表面呈粉红色或棕色。乳头直径约为0.8~1.5cm，其上有许多小窝，为输乳管开口。乳头周围皮肤色素沉着较深的环形区是乳晕。乳晕的直径约3~4cm，色泽各异，青春期呈玫瑰红色。乳房部的皮肤在腺体周围较厚，在乳头、乳晕处较薄。有时可透过皮肤看到皮下浅静脉。

刚刚进入青春期的女孩们，也许会对这一神奇的"隆起"而吃惊、害羞。其实，并不该如此。你应该明白，这是上帝恩赐于你的。那么，青春期的乳房外观为什么会发生这么大的变化呢？主要是因为在青春期，女孩身体内的激素水平正悄悄地发生着巨大的变化。青春发育的开始，由于下丘脑分泌促性腺素释放激素增加，激活下丘脑—垂体—卵巢轴的活动，继而垂体分泌大量的卵泡刺激素和黄体生成素，使卵巢类固醇激素分泌增加。在雌激素、孕激素、催乳素以及肾上腺皮质分泌的雄激素等激素的共同作用下，乳腺开始生长，主要表现为乳腺导管延伸，管腔稍加宽，管周间质增多而疏松，血管丰富。与此同时，身体脂肪的分布发生改变，出现腋毛和阴毛，身高迅速增加。当卵巢内膜细胞能分泌足够量的雌激素时，则引起子宫内膜增生，导致月经来潮。此后，随着雌、孕激素的分泌进一步增多，小导管末端的基底细胞增生，形成腺泡芽，管腔逐渐形成，最终形成乳腺小叶结构。

乳房的发育受到很多因素的制约，除体内雌性激素作用以外，还受遗传、环境因素、营养条件、胖瘦、体育锻炼等因素的影响。如果母亲的乳房较小，则女儿也大多较小，这是遗传因素的作用。瘦体型的女孩，也很难有丰满的乳房。乳房偏小还可能与发育的早晚有关，虽然乳房较小，只要生殖器官发育及月经均正常，就不会影响成人后的哺乳功能和生育能力。一般来说，乳房发育早晚并不影响其今后发育的快慢，也不影响成年后乳房的大小和形状，所以乳房发育晚些、小些的女孩不必担忧。

很多少女一开始会因为乳房的发育常常感到难为情，夏天不敢穿比较凉快的衣服，只因为胸部比较高。为了掩盖自己外形的痕迹，有的女孩走路时低头含胸，结果养成习惯，形成罗锅；有的女孩却因此喜欢穿紧身束胸，结果限制了乳房和胸廓的正常发育。实际上大可不必如此，乳房发育只是身体发育的一部分，它就像身高和体重一样简单，根本没有值得害羞的。女孩只有放开了心态，才能让乳房健康地成长。

男孩乳房的发育

青春期男孩的乳腺也要发育，只是发育较女孩晚一些，而且发育程度低，不形成小叶，发育时限也较女孩为短。表现为乳房稍有增大，乳晕直径增加。约有 60% ~ 70% 的男孩此时于乳头下可触及小硬结，质韧，伴有轻度触痛，一般在 1 ~ 2 年内可消失。如仍未消失甚至进一步增大，则考虑为男性乳腺异常发育，应在医生指导下进行必要的检查、治疗。

理想的乳房

丰满、匀称、柔韧而富有弹性；乳房位置较高，在第二至第六肋间，乳头位于第四肋间；两乳头的间隔大于 20cm，乳房基底面直径为 10 ~ 12cm，乳轴（由基底面到乳头的高度）为 5 ~ 6cm；形状挺拔，呈半球形。

乳房，是人体中最柔软的器官，对人体起着重要的作用。但不少人却因"乳盲"而陷入误区，有的甚至为此付出沉重的代价。因此，有必要教您学会认识乳房。如果你是一个"乳盲"，那就从认识乳房的正常发育做起吧！

11. 男孩的初次泄精

初次泄精，是男孩进入青春期的重要信号。对于青少年来说，偶然的遗精现象是生理性的正常现象，处于青春期的少男们，生殖器官开始发育，性征明显，开始出现排精。遗精是指在无性交或手淫情况下发生的射精现象。因梦遗精叫梦遗，无梦遗精叫滑精，这些都是正常的生理现象。

一般来说，男孩 13～15 岁进入青春期后，睾丸迅速发育，第二性征随之出现，便会有遗精现象出现。同时附属性腺如精囊腺，前列腺也发育增大，并具有分泌功能。一份调查发现，男孩初次泄精的平均年龄大约在 15 岁。那么，为什么到了这个年龄会初次泄精，精液怎样会从无到有，又是怎样初次泄出呢？

泄精究竟是怎么回事

男孩在少儿时代时，尽管都非常调皮，整天跑来跑去，但他们的性器官却总是处于"沉睡"的状态，当然也不会有精液产生。而步入青春期以后，人体脑垂体开始分泌促性腺激素增加，这些促性腺激素会命令睾丸工作，使其生产精子和制造雄激素——睾酮。睾酮生成之后，便担当起具体落实各个性器官发育成长的工作，不但使睾丸发育成熟，产生精子，而且使与精液生产休戚相关的器官，例如附睾、精囊、前列腺、尿道球腺等也一起生长发育，连准备输送精液的管道，如输精管、射精管和尿道也茁壮成长。于是，精囊、前列腺和尿道球腺开始生产精液中的液体部分，睾丸生产的精子在附睾内成熟，两部分合并组成了精液。一般来说，在初次泄精的两年之内，这项工作都会在紧锣密鼓的进行着。

睾丸每日产生不活动精子约 7000 万,储存于附睾尾部,10～20 天后才成熟活动。当精子积聚过多时,便会泄出体外,发生遗精。当然,遗精还与体内雄激素水平增高有关。如身体过度疲劳,使皮层下中枢兴奋性增高,以及局部刺激阴茎也会形成遗精。据统计,约80%的男性都有遗精经历。遗精是男性正常的生理现象,并不是病,对身体不会带来什么影响。正常遗精次数没有一定规律,一般来说,未婚青年,每月有 1～2 次遗精,或两三月一次均属正常。如果遗精过于频繁,连续一天一次或几次,甚至有轻微性刺激便射精,那就不正常了。

"遗精",是指精液自发溢出的现象。还有一些遗精发生在睡眠时,做了带性刺激色彩的梦,继而排精而醒,这就是"梦遗"。还有一些人,阴茎在性冲动时,会勃起或流出一些粘液性液体,量不多,这或是尿道产生的,或是前列腺液,不算遗精。

关于病理性遗精的知识

当然,除了生理性的遗精之外,还有一些青少年的遗精是属于病理性的。

西医认为病理性遗精有两种可能性:一是缺乏正确的性知识。如色情书刊影响,长期处于思考与性有关的一些问题或经常处于色情冲动之中等;或此前有过手淫的不良习惯,使大脑皮层持续存在性兴奋灶,而随时诱发遗精。二是生殖器官患有某些疾病。形成一些不良刺激而引起遗精,如包皮炎、尿道炎、前列腺炎等疾病造成炎症刺激,使遗精易于发生;某些慢性病使体质过于虚弱,也可引起频繁遗精。

中医则认为造成病理性遗精的原因很多,常见的有:一是精神紧张性遗精。如频繁的手淫;或由于早婚、房事过度;或由于钟情于某位异性朋友,但是愿望不能实现;或者有些青壮年夫妇长期分居,思慕色欲,以致阴精亏耗,而致精液外遗。二是食物性遗精。常见的有:

平时的饮食不加节制，喜欢吃牛羊肉、韭菜等辛热食物，或饮酒过度等引起遗精。三是包皮过长或包皮垢炎而导致的遗精。四是由于长期体弱多病，伤及到肾，导致肾虚引起的遗精。五是由于前列腺炎疾病导致的遗精等。

尽管性器官生长发育和精液生成是由上述内分泌活动齐心协力完成的，但是它们的步调并非完全一致。前列腺开始发育后很快分泌液体，精囊就稍微晚些，睾丸生产精子速度与附睾内精子成熟过程，比上述液体的产生又要晚些。所以，有不少人初次排出的精液中没有精子或仅有少量不成熟精子，也就是说还不是完整的精液。

12. 喉结与变声

喉的发育是青春期人体的一个重要变化，确切地说应该是男孩发育的一个重要指标。喉是人的发声器官，位于颈部，由软骨、韧带、肌肉和黏膜组成。人的喉结是由 11 块软骨作支架组成的，其中最主要、最大的一块叫甲状软骨。胎儿在两个月时，喉软骨就开始发育，直到出生后 5~6 年，每年都会不断的增长，但从五六岁到青春期这一时期内，喉软骨生长会基本上处于停止状态。步入青春期之后，它便又开始活跃起来。

青少年在进入青春期以前，在发音上差别没有多大的区别，但是进入青春期后，就会出现明显的不同。尤其是男孩子，说起话来会有些嘶哑，俗称"破嗓子"。

青春期喉结与声音的变化

当你认真观察时，会发现男孩的甲状软骨向前方突起，这就是从颈部表面看到的喉结。不过不很突出，这时的喉结迅速长大，声带增长变厚较快，并有轻度充血，此时即称为变声期。再过一个时期，男孩的嗓音就会由童声变得粗而低沉，酷似成年男性的说话声音，这时喉结突出得很明显，男孩的这个性征是由睾丸分泌的雄性激素睾丸酮所促成。正常女性的卵巢虽然也会产生微量的睾丸酮，但只有男性的5%，所以一般女性不会长喉结，即喉结不会明显突出。女孩在青春期喉结虽没有明显的外观变化，但喉结内一样会有明显的变化：即声带增长，变窄，发音的频率开始增高，声调也随之变得高而尖细。

喉的首要功能便是发音。发音时，先由关闭声门的喉内肌使声门变狭窄，然后由肺向上呼出的气流，通过声，振动声带而发音。人的喉部是一个灵敏度很的器官，声带好比风琴的簧片，如果声带薄而窄，发出的声音就是高音，否则就是低沉的。发音的高低与强弱，同声带的紧张度和呼出的气流强度有关。如声带松弛，呼气强度小，则音调低；反之，声带紧张，呼气强度大则音调高。成年男性的声带宽度与厚度远较少年儿童和女性为大，所以男性较难发出高音。若声带发生毛病，声音会变得嘶哑。

喉部的变化主要来自声带的变化。人体喉腔内有一对声带，两声带间的空隙为声门。人说话是气流通过声门冲击声带，引起声带振动发出声音。青春期，男孩的声带增宽、增厚；女孩的声带伸长、相对变窄。由于声带的变化，稚气的童音不再存在。发育成熟的男性发音频率低、声调粗而低沉；女性的发音频率高、声调高而尖细。男孩在出现粗而低沉的声音前，要经历一个变声期。变声期的声调虽然只是稍微增粗，但却有点嘶哑。实际上，女孩也有变声期，但是由于声调的变化不大，所以很难辨认出来。

男孩一般在13岁时开始进入变声期，15岁时几乎所有男孩都已进入变声期。变声期的长短因人而异，长短不一，可以是4~6个月，也可能长达一年左右。这个时期是他们喉头、声带增长发育的阶段，其表现为：音域狭窄、声音嘶哑、发音疲劳、分泌物增多、局部充血水肿等。变声期相当于声带的发育期，是少年自身发育的必然规律，是一种自然的生理现象。正在发育的声带，都有轻度炎性水肿，外界不良刺激容易造成声带永久性损伤，因而在变声期要保护嗓子。

为了保证青少年的身心健康能够健康发育，顺利度过变声期，需注意以下几点：

1. 良好的生活习惯。情绪不稳定常会造成声带关闭不全、水肿、长息肉等症状。引导孩子适当开展体育活动，增强体质，但在变声前期和变声期，凡是能增加胸腔压力、使声带向内挤压的活动（拔河、举重等）应尽量避免。处于变声期的孩子要按时起居，每天最好睡足九小时，这是保护嗓子的重要措施。睡眠不足会导致大脑供血障碍，使高级神经活动出现紊乱，不能有效的对喉肌进行调节和支配，从而可能会引起声带痉挛。

2. 适度用嗓。大声争辩、喊叫、高声唱歌最容易使声带受损、破裂出血，应尽量避免。对于一些习艺的特殊青少年，在变声期一定要注意与专业教师密切配合，选用适合自己的变声前期、变声期音域变化的乐章教学进行训练。

3. 保养好嗓子。变声期声带发生了显著的变化，所以为了保护嗓子，这一时期的青少年不要大声嘶叫或长时间的大声说话。尽量避免不良外界因素的刺激，不要吸烟，不要吃刺激性食物，并且要做到劳逸结合，积极参加体育锻炼，防止受凉和感冒。除了要注意科学合理地使用嗓子，不要让它太疲劳以外，注意饮食方面的调理也是至为重要的。饮食丰富，营养全面，充足的营养既有利于全身各组织器官的发育，又有利于喉头、喉结、甲状软骨的发育以及局部损伤组织的修复。

饮食应注意：发音器官主要是由喉头、喉结和甲状软骨组成，这些器官又是由胶原蛋白质和弹性蛋白质构成的。声带也是由弹性蛋白质薄膜构成。因此，处于变声期的青少年应多吃些富含胶原蛋白和弹性蛋白质的食物，如猪皮、猪蹄、蹄筋、豆类以及鱼类、海产品等等；维生素 B_2、B_6 能促使皮肤的发育；钙质可以促进甲状软骨的发育；富含 B 族维生素的食物主要有芹菜、番茄、蛋类、豆类、动物肝脏及新鲜水果等；富含钙质的食物主要有牛奶、鱼虾、豆制品等；以软质、精细食物为主食，不吃或尽量少吃炒花生仁、爆米花、锅巴、坚果类及油炸类硬且干燥的食物，以免对喉咙造成机械性的损伤；平时多喝水，多喝水可减少或清除局部分泌物，避免继发性感染；少吃刺激性食物，大蒜、辣椒、生姜、韭菜等食物会刺激气管、喉头与声带；不要喝太热的开水或太多冷饮，过冷或过热对声带都不利；忌烟酒，防止加重局部的无菌性炎症；进食时要细嚼慢咽，切忌快速进食，以免食物中的砂粒、鱼骨刺等伤害到咽喉部的组织。

为什么有些少女的喉结会突出

有些比较瘦弱的女孩，由于太瘦，所以其颈部的喉结可能会比较突出，总是疑虑重重，认为长喉结是男性特有的生理现象，担心长喉结会使自己趋向男性化，影响日后的生活。为何有的少女喉结会突出呢？大致有以下几方面的原因：

1. 遗传因素。父母的生长发育特征如身高、体重、五官，当然也包括喉结大小，都会遗传给下一代。如果父亲的喉结特别突出，那么女儿的喉结也可能比一般人会突出一些。

2. 内分泌失调。主要是内分泌机能不足。女性体内占统治地位的性激素是雌激素，雄激素的含量极少。但如果由于体内病变，如脑垂体肿瘤、卵巢功能减退等，引起内分泌失调，体内雄激素的含量就会出现喉结突出、声音变粗和多毛等男性化的表现，而女性应有的一些特征反而不是那么明显。

3. 过分瘦弱。过分消瘦的女孩，颈前部的脂肪和肌肉组织不发

达，以致喉结会显得有些向前突出。

青春期少女如果喉结突出，绝大多数是发育过程中的一种正常表现，对性别和发育都不会有什么不良影响。不过，为慎重起见，最好还是到医院检查一下。如果是由于内分泌失调引起的，就需给予针对性的治疗，这是可以治愈的。还要查一查生殖系统是否长了肿瘤，肾上腺皮质有无疾病。另外，极个别的少女体内可能还有男性睾丸体的存在，医学上称两性畸形。这类患者既会影响性别，也会影响生育。喉结突出如果与颈部肌肉瘦弱有关，只要平时多注意营养，加强锻炼，不要盲目的节食减肥，等肌肉发育丰腴后，喉结便会自行消失。

13. 胡须的生长

胡须即是男性所独有的，它在一定程度上表现出男性美与男子的气魄。进入青春期之后，大部分男生都会开始长胡子。胡子的生长速度要比头发快的多，这是雄性激素所起的作用。一般来说，生殖机能越旺盛、胡须生长就越快。由于长胡子的部位所分布的血管比头发根部多，因此也很容易吸收到养分，因此总是刚刮过胡子没几天，就会长出新的来。

为什么有些男孩到了青春期却不长胡子？

在现实生活中，很多男孩都会有这样的情况，那就是不长胡子，仔细看一下只能看到一些茸茸的细毛。因此，他们会觉得自己不够像个男子汉，从而引发一些心理问题，如自闭、自卑等。那么，到底是什么原因引起来的呢？

男孩进入青春期以后，睾丸和阴囊逐渐增大。随着睾丸渐渐发育成熟，它便具备了产生精子和雄激素的能力。在雄激素的作用下，男子生殖器迅速发育，第二性征随之出现，如躯体外形健壮、肌肉发达、肩宽臀小、面部长胡须、喉结隆起、嗓音低沉等。男子长胡须是雄激素作用的结果。当然，男子胡须的出现和定型，也需要一个过程。只有当青春发育期结束，性成熟后，男子体内的雄激素达到正常成年人的水平，胡须才会形成大人的样子。

身体健康的男子，体内所含有的雄激素大体都是差不多的，但他们胡子的多少却有着很大的差异。如有些人胡须浓密，有的人十分稀疏，有的人是络腮胡子，有的人是山羊胡子。其实，这些都是正常状态下的差异。因为胡子的多少和生长环境、地域、民族等都有一定的关系，就连家庭遗传也对其产生作用。只要男孩的生殖器官和其他的第二性征都发育正常，且身体也并没有出现什么异常情况，就不能算是病态。所以，完全不必对此有什么顾虑，你只不过比别人晚长了一些时候而已。

不过，如果已进入青春发育期，既没有长出胡须，第二性征也不明显，甚至超过了青春期后依然没有发育，这就应该视为异常，可能是专门调节控制性激素分泌的促性腺激素有了问题，需要到医院进行检查和治疗。

重视胡须的清洁工作

现代医学研究发现，胡须具备吸附有害物质的特性。人体在呼吸时，会排出多种有害的化学气体，而这些气体中的一部分可滞留在胡子上。此外，大气中含有多种重金属微粒，尤其是在都市的街道上，胡须也能够吸附一部分有害物质。如果这些物质不能被及时清除，则很有可能会随着人体的呼吸作用，被吸回呼吸道，危害人体健康。而由于胡须所在的部位油脂分泌较为旺盛，因此用清水很难将其清洗干净。因此，及时修护胡子是十分有必要的。

正确的剃须方法和程序

1. 清洁皮肤。剃须前，应先用中性肥皂洗净脸部。如脸上、胡须上留有污物及灰尘，在剃须时，因剃刀对皮肤会产生刺激，或轻微地碰伤皮肤，污物会引起皮肤感染。

2. 将胡子软化。众所周知，胡须都是硬的，摸起来有一种刺手的感觉。如果就这样直接剃，很容易对皮肤造成伤害，因此应该先将其软化。洗净脸后，可用热毛巾捂胡须，或将专用的软化胡须膏涂于胡须上。过一会儿再涂上剃须膏或皂液，以利于刀锋对胡须的切割和减轻对皮肤的刺激。

剃须膏是男子剃须的专用品，有泡沫型和非泡沫型两种，有的还可自动发热。剃须膏使用方法比较简单，先用温水将胡须部位拍湿后，再挤少量剃须膏均匀地涂抹在胡须上，待泡沫出现或稍等片刻后，即可开始刮须。

3. 正确剃刮。刮胡子时首先应该绷紧皮肤，这样可以减少剃刀在皮肤上运行时的阻力，防止皮肤被刮破。尤其是对于身体较为瘦弱的人来说，皮肤易起皱褶，更应绷紧皮肤。总的来说，剃须的顺序应该是：从左至右，从上到下，先顺毛孔剃刮，再逆毛孔剃刮，最后再顺刮一次就可基本剃净。千万不要毫无章法地东刮一刀，西刮一刀。刮完之后，还要再用热毛巾把泡沫擦净或用温水洗净，最后再检查一下有没有留下胡渣。

4. 剃后保养。这是很多人都容易忘记的步骤，他们总以为刮完胡子就万事大吉了，殊不知，如果不注重剃后的保养工作，对皮肤也是不利的。因为剃刮胡须时，对皮肤有一定的刺激，并且易使皮脂膜受损，为了在新皮脂膜再生之前保护好皮肤，应在剃须后用热毛巾再敷上几分钟，然后可选用诸如须后膏、须后水、面后蜜、护肤脂或润肤

115

霜之类外涂。这样可形成保持膜，使皮肤少受外界刺激。

青春期一开始长胡子时，胡须较为柔软，颜色也十分浅，且异常稀少，随着年龄的增长它们就会变得越来越稠密、粗硬、色黑，范围也会进一步扩大。很多男孩觉得长胡子不好看，又不懂得利用剃须刀，于是就用手或镊子一根一根地拔，以为拔一根少一根，最后能把它拔光。其实，这种做法是十分徒劳的，也是有害的。因为胡须的根部有毛囊包围着，毛囊底部的上皮细胞分裂繁殖使胡须不断生长。拔胡须只是将毛根拔掉了，可毛囊依然还在。况且，当你拔去一根胡须后，就会在毛根处形成一个外创伤面。假如此时有细菌进入创面，很容易引起感染，形成毛囊炎。所以，青少年还是不要轻易拔胡须。

14. 体重的变化

体重能够反映出组成人体各部分的总重量。体重变化的稳定性远不如身高，突增高峰也不如身高明显，但波动幅度比较大，主要反映了人体骨骼、肌肉、脂肪组织、内脏器官在量的方面的变化。所以即使过了青春期，体重仍然可能会继续增长。

青春期体重的变化历程

青少年在青春发育期身体成分总量在增加，男孩因为主要分泌雄激素，有明显促进肌肉组织发育的功能，加上骨骼比较长而粗，故瘦体重不仅增加时间长，而且增长更为迅速。有研究证明，睾酮增加时，瘦体重会明显上升，体脂肪虽然也有所增加，但体脂比下降，这说明青春期男性体重的增加，主要是指瘦体重的增加。

青少年在青春期早期脂肪含量也会有所增加。因为雌激素有促进脂肪组织沉积的作用，使女孩的体脂量在整个青春期都持续增加。全身皮下脂肪发育以 7 岁时最薄，17 岁时较厚。男孩在 12 岁时开始下降，15 岁以后缓慢上升；女孩则在 10 岁后开始急剧增加，尤其是在青春后期会更加明显。

　　青少年在青春期过程中，体重会出现一个快速增长期，体重每年可增加 5~6 千克，增长较快的甚至可增加 8~10 千克。

　　人体在青春期发育成熟后，体重的变化一般取决于脂肪量的多少，骨骼、肌肉量的多少。女性骨骼比男性轻，骨皮质较薄，骨密度较小；男性肌肉比女性发达，所含水分较少，而蛋白质和糖的成分较多。在肌肉整个生长发育期间，肌肉细胞数目不断增加，男孩体重的增加率在青春期加速，10~16 岁期间约增加一倍，女孩肌肉增加率相对较小。女性脂肪比较丰富，其重量大约占体重的 28%，而男性脂肪只占体重的 18%，青春期生长突增期，男孩脂肪量逐渐减少而女孩脂肪量一直在缓慢增长，突增高峰之后，在雌激素的作用下，女孩脂肪增加的速度大大加快，使体型更丰满，有的女性甚至会因此而形成肥胖。

　　总的来看，因男孩生长周期长，生长突增幅度大，所以多数指标的发育水平超过女孩，最终形成了身材高大，肌肉发达，上体宽阔的体格特征；而女孩则为身材矮小，体型丰满，下体较宽的体格特征。

　　男女的标准体重应结合性别和身高来综合进行判定，才比较科学。严格地讲，不同地区应制定不同的标准。我国有人提出按性别来计算标准体重，公式为：

　　男性标准体重（千克）= 身高（厘米）－ 105

　　女性标准体重（千克）= 身高（厘米）－ 100

　　有日本学者提出按身高来计算标准体重，公式为：

　　身高在 159 厘米以下者：标准体重（千克）= 身高 － 105

　　身高在 160 厘米以上者：标准体重（千克）=（身高 － 100）× 0.9

在这里，需要说明的是，根据以上公式计算出的标准体重并一定是绝对的"标准体重"，实际上体重高于或低于标准体重 10% 以内的，都应该视为是正常体重。

女性体重过低与月经的关系

女性月经初潮到来的早晚与体重或体内的脂肪含量有关。当身体内的脂肪组织达到体重的 17% 时，才会出现月经；脂肪组织增加到体重的 22% 时，才能维持正常规律的月经。而当体重低于标准体重的 5% 时，月经周期便很可能会发生变化并且影响生育能力；低于标准体重的 15% 时，则很可能会发生闭经和全身新陈代谢的变化。

青春期不能把追求"苗条身材"当作思想压力，而应把积极锻炼和必需的营养结合起来，使体重保持在标准范围之内。这不仅对青春期的健康很重要，而且还影响着人们一生的工作和生活，甚至会影响到家庭的幸福。

15. 青春期的性意识

青春期既是人生的黄金时期，又是人生的危险时期，还是心理形成的关键阶段。这个时期的孩子在生理和心理两方面都发生了剧大的变化，尤其是随着性器官的发育以及第二性征的出现，男女生在心理发生变化的同时也反映出了其明显的性心理特点。

性意识的萌生

青春期是童年向成年的过渡时期，其标志是性发育和性成熟，期间要经历躯体和心理的急剧变化。青春期性生理发育成熟的速度因人而异，有些女孩只需 1 年左右，但有些则要长达 5~6 年，甚至更久。青春期发育也受许多因素影响，如家人过去青春期启动年龄、文化、地理、身体脂肪的比例、营养以及其他因素等。

进入青春期之后，随着性机能的成熟与完善，青少年的性意识开始萌生，开始对性知识产生了兴趣。表现出对性问题的关注、对异性的爱慕，以及产生不同程度的性欲望和性冲动。青少年初期性意识觉醒、性特征显著发展之后，其性心理结构便逐步建立起来。与性有关的许多问题，如性意识、性吸引、性冲动、性压抑等，青春期带来的许多问题都或多或少、直接或间接地与性有关，这是青春期觉醒的必然表现，是一种正常的生理、心理现象。由于目前存在着青春期性教育的薄弱和空白状况，使得青少年在性生理和心理发展的关键时期得不到指导的情况下产生种种性意识和性行为的困扰，这种困扰正严重影响着他们的身心健康。因此，对于进入青春期后的孩子学习健康的性知识，增强性健康意识是十分重要的。

在青春期性问题的心理咨询中，造成青春期性困扰中的性意识困扰问题占有很高的比例。青春期性意识的产生，来源于他们性器官、性机能的变化，这种变化使他们开始关注性、关注生殖知识和两性关系，并开始对文学作品和影视作品中有关性爱的描写产生兴趣，有些青少年对于他们的这种变化经常会感到惶恐不安，感到羞愧，这种正常的心理变化于是便成了他们最大的困扰，这是无法回避的社会现实，也是全社会应该关注的问题。

摒弃废旧的封建思想

由于受几千年封建思想的影响，同时，又未受到系统、正规的性科学教育，不少青少年对"性"持有不正确地认识，把性看成是下流的、难以启齿的、见不得人的东西，这种负面的评价使得人们对性的问题讳莫如深，对于青春期的孩子们则更将性的问题视为禁区，大有"谈性色变"之势，使得我国的性教育一直处于比较封闭的状态，对性知识的宣传浅显、初级。即使开了生理卫生课，但在讲到生殖系统时，老师常常避而不谈，让学生自学。以至于青少年那种强烈的探求欲望不能通过正常的途径得到满足，而是以自发的方式从书刊、影视中寻求性知识，满足那种好奇、探究的心理。但是，这样得到的性知识往往是不科学、不系统，甚至是不正确的，在给青少年带来不良影响和严重后果的同时导致他们产生各种强迫症状和恐怖症状。如看见异性就控制不住反复盯着看，男孩看到化妆的女性就控制不住自己产生性的冲动想去搂抱对方，不敢与异性相对视的"视线恐怖症"和"异性交往恐怖症"等。

随着性发育的日渐成熟，处于青春期的青少年随着对性的好奇与探究之心的日益增强，开始渴望了解男女生理功能及性别角色的差异，并开始对与自己年龄相当的异性产生兴趣，并希望与其有所接触。但由于青少年的情绪不易稳定，在彼此接触过程中，容易引起冲突，或因琐碎小事争吵甚至绝交，期间对异性的暂时疏远所持续的时间是很短暂的。之后，很快就产生了一种彼此接近的需要，产生互相吸引的心理。如果青少年在这个时期的性意识发展得不到正确地引导，就有可能会出现早恋等不良倾向，甚至对功课及集体活动置之不理。当然，正常的异性交往是被接受、被鼓励的，对同龄异性有好感也不能说是谈恋爱，但处在青春期的孩子应正确把握。

由于青春期对性认识的缺乏而往往导致性情感、性态度的过敏、矛盾与冲突，进而影响青少年的自我评价现象，大多数表现为烦躁、厌恶以及内心不安、恐惧等，少部分性困扰严重的青少年，出现失眠、情绪抑郁、不愿与异性交往，并常常陷入苦闷之中，影响其学习、社会活动等，干扰自我的正常发展。处于青春期的青少年常常会为自己的外表所苦，努力表现自己的心理特质，对异性产生兴趣的同时扩大性活动的范围，如对异性拥抱、爱抚，甚至发生性交关系。处于这个阶段的青少年也往往会做出令自己终生悔恨的事，如少年犯罪、少女怀孕、酒精中毒、药物滥用等。对性认知、性情感、性态度的偏差，既是一种不健康性心理的表现，也是引起一系列性心理障碍的重要因素。也有极少数青少年信奉西方的性观念，把"性解放"视为终极的人性，从而在行为上放纵自己，甚至不择手段获得性满足，这同样是一种性适应不良的表现。

任何事情有因必有果，比如青少年认识性的途径：黄色书刊、影碟及黄色网站，甚至目睹成人性交。这些途径都是缺乏自信和科学的认识性的，再加上没有父母与老师对其进行有关性问题地讨论、交流与正确引导，所以悲剧的发生似乎是在所难免的。因为通过不正当途径所认知的性，既缺乏美感，更没有性爱最重要的基础，即情感。

这种种的青春期问题，有些表现为在与异性交往方面，有些则表现在性幻想行为及其造成的身心影响方面，还有一些则会出现极端的情形。这些都必将引起家庭、学校和社会的关注，必须有相关的对策，帮助青少年健康成长。

让自己正确认识"性"

一位名人曾说过："生物的个体，总免不了衰老和死亡，为继续生命起见，又有一种本能，便是性欲，有性交。因性交才产生后裔，继续了生命，所以……性交也就并非罪恶，并非不净。"性是人的一种本能，是人性的表现。青少年应该学习并正确掌握性知识，应该具备与年龄和文化程度相吻合的性知识水平和性行为方式，还要认识性的社会属性。人是社会的人，人的性观念、性行为应符合社会道德和社会规范。性是自然属性和社会属性的结合体，"性禁忌"和"性放纵"都是有害于身心健康，都是与人性相悖的。

青少年在青春期时正处于人生观形成的时期，随着生理的发育，心理活动也趋于完善，尤其是性心理在性功能成熟之际表现得特别强烈。青少年性生理和性心理的发展，既能把个体引向正常而健康的学习与生活道路，也可能使他们产生一些不符合社会公认道德水平的不负责任的行为。性道德教育已经不仅仅是他们的客观需要，也是指导他们走向远大前途和幸福人生的基石。让处于青春期的青少年们建立起正确的性道德观念，他们就会挣脱不良性心理的羁绊，把精力用在求知欲的刺激作用上，顺利完成学习任务，为形成正确的人生观铺平道路。因此，青春期性教育是帮助青少年健康成长的必要课程，对于形成健全的人格，培养良好的习惯行为，减少与性有关的疾病发生，乃至减少少女怀孕和性犯罪都有极大的作用，从而促进人口素质的提高。

正值青春期的青少年，身心飞速发展，性意识日益觉醒，极易产生各种性困惑和心理困扰，使身心健康受到影响。而面对普遍存在封闭式性教育的现象，必将影响孩子的身心健康发展。为让孩子的心理健康成长，开展青春期性教育势在必行，刻不容缓。

16. 少男青春期心事

青少年时期的青少年正是长知识的最好时期，也是人生中印象最深刻的一段青涩岁月。人们总是在猜测，不知道几个年轻的朋友在一起谈的最多的话题是什么。经常会听到人们谈论一些青少年的事情，人们都说少男少女的心思最难懂。可是我们如果多从他们的立场上去听听他们内心的真正所想，或许就会看到另一个不一样的，一个多姿多彩的青春世界。

可能很多人看到这个题目都会感到有些不解，其实，也没什么好怀疑的，都说青春期的少女心事多，自然少男也有心事。谁都知道，作为一个男孩，即将成人的男孩儿，情窦初开，对世上的万物充满了好奇，他们是那样敏感的一个群体。他们充满了热情和向往，追求与希望，通常在我们的眼中看这些男孩儿，他们一般都是表现出一种大大咧咧的，或是玩世不恭的，或是活泼开朗的……他们表面上看起来是那么坚强，实际上他们是那样的脆弱和胆怯，他们需要得到人们的关心、支持和理解，他们需要他人的尊重，他们更希望得到朋友与家人的鼓励。

在人生的各个阶段，都会遇到各种各样的问题，这当然也包括情感问题在内，对于它们的认识，都有一个由不成熟到成熟的过程。而青春期，正处于一个模糊、朦胧、不成熟的阶段。进入青春期，就代表着少男少女结束了"少年不知愁滋味"的孩童时代，进入了"多事之秋"。此时他们随着年龄的增长，知识的增多，内心世界也在不断的发生着变化。由于心理的不断发展，他们的情绪自控能力比孩提时有了较大的提高，他们学会了掩饰，而且掩饰得很好，他们隐藏自己的真实情绪，出现心理"闭锁"的特点。过去爱说爱笑的孩子，进入青春期可能会变得沉默寡言，甚至有些孤僻。他们常把自己关在房间里，很少和父母交谈，甚至拒绝父母的关心和爱抚。

看了下面这个男孩的自述故事，不知道朋友们会有什么感触。

最近，我发现我变了，变得不善言词，不想理会任何人，同学与老师都说我不合群，这样的我是孤独的，落漠的……之所以用"落漠"这个冰冷的字眼，那是因为我确确实实感受到了，没有人能够理解我，更没有人能够帮助我。所以我心中的某些想法从来都不愿意同师长说，更不愿意告诉父母。我将它深深地锁进自己的心扉里，就那么永远地藏起来，让自己来承受它，忍受着它对自己的折磨。它就像某种巨大的力量，压得自己喘不过气来，它好似一块千斤巨石，压得我好难受，那种撕心裂肺的感觉真的很痛，痛得我好想哭，如果哭泣能够减轻一些疼痛的话，我真的想一次哭个痛快。

当我带着那青春期特有的心事的时候，我对异性充满了无限的喜爱，当时我想，这会不会就是所谓的"爱情"？那时候的我，整天想的都是她，闭上眼睛就会浮现出她的影子，每天放学回家的路上，我都会偷偷地跟在她的后面，我想与她交朋友，是很好的那种朋友。但我又不敢跟她走的太近，她是那样的优秀，而我呢？我感觉，我与她相差太远了，我当时就想，我愿就这样默默保护她。

日子一天一天的就这样过去了，直到一个多月后的一天，我没能见到她，我在校门口等了半个多小时，依然没见到她的人影，她会不会是出了什么事？我朝着她回家的方向走去，我完全不知道我要做什么，我只想到她的家里看看她，看她是不是好好的，是不是已经到了家里。

走到半途，有三个男生冲着我走了过来，其中一个比较高大的走到我面前，他不由分说地一把抓住我的衣领，恶狠狠地说："我警告你小子，从今以后，不要跟着 XX，如果被我见到，小心你变成肉酱！"我还傻愣愣地站在那里，几个男生已经走远了。

第二天，女孩安然无恙的出现了，她没有任何异常，很高兴又见到了她。放学的时候，我还是依然跟在她身后护送她，这么多天来，她好像并没有发现我，我在想，如果她知道我在送，如果她知道我想与她做朋友的话，她会不会接受我？瞧！又做梦了不是。这样的日子不知道又过了多久。又是一个星期六的下午，放学回家的路上，我跟在她后面不远处，我发现她最近好像不太高兴，也许是我多心了。

这样一前一后地走着，就在一个转角处，那三个男生又出现在我的前方。不，确切地说，是她的面前，还是那个高大的男孩儿，他扯着女孩，气冲冲地拉着她，我看到这一情形，我不顾一切向那个人冲去，也不知哪来的力量，冲过去就是一脚。这飞来的一脚也确实够那人受的，他愤怒地转过身就是一拳，说道："好小子啊！你还真够勇气的呀，还想来个英雄救美?!""好啊，我今天就成全你！"然后，霹雳啪啦就是一阵拳打脚踢。女孩哭着喊着不要打，不要再打了！几个人终于不再打我了（可能当时我已经成了肉酱了）。那个大个子男孩吼出一句话："我是她男朋友！"然后，托着女孩走出了我的视线。

我在想，我心中的女孩为什么会有这样的男朋友？她没有解释，也许不需要作解释，但我想他肯定不是她选择的男朋友。我难以理解，现在也无法理解了，因为从此以后，女孩再也没来上学了，我不知道她去了哪里，我只知道，我没能够保护好她，我真的好恨，恨我自己的软弱，恨我自己没用，恨我自己连一个女孩也不能保护，恨我自己……

终于，在这样的日子里，我度过了两年，我的生活好像恢复了。我和往常一样，只是多了点忧伤，多了一些感悟。青春期的男孩儿们，总是喜欢在异性面前表现自己，总是想吸引异性朋友的眼球，总是想让异性来崇拜自己！

女孩与女孩之间有很多心事，她们的头发、指甲仿佛暗藏很多秘密。她们可以把心事同父母或者姐妹说说，再不然就把一些心事写在日记本里（女孩一般都有写日记的习惯）等等。而男孩与男孩之间很多时候就只有无聊的逗逗趣或者聊一些时事问题。他们从来不谈自己的心事，不是没有什么心事，只是他们不愿把自己脆弱的一面展现出来，因为在男生的心里他们认为自己是男子汉，男儿有泪不轻弹，才不枉为男子汉。

男孩的心事不是清澈的泉水，不是盛开的雪莲；男孩的心事就像古老的文字，男孩的心事就像夜空中最暗的那颗恒星。青春期的心事，太多太多了。

进入青春期的男孩都想表现独立和成熟，他们特别需要和别人探讨与交流，但又不愿敞开心扉。他们认为做什么都不被理解；就连平时挺要好的同学，现在也不是那么亲密无间、无话不谈了，自己一肚子的心事，不知道该和谁谈。所以德国心理学家斯普兰格说："没有谁比青年人从他们孤独小房里，更加用憧憬的目光眺望窗外世界了，没有谁比青年在深沉的寂寞中更加渴望接触和理解外部世界了。"这种不成熟的表现，这种孤独感正是青少年自我意识发展的一种表现。

其实，每个人都自己的心事，青春期的少年尤其如此。好男儿志在四方，随着年龄的增长、社会生活经验的丰富，他们会逐渐地认识社会，通过自我认识的深入，能够把握自己、对自己也会充满信心。这时，他们既能够独立思考，也会乐于与人交流了，那时的他们才是真正的长大了。

17. 少女青春期心事

人们通常以为，老年人因体虚多病而失眠，中年人因工作繁忙而失眠，但青少年如果失眠那就是太可笑的事情了。他们总以为孩子年纪轻轻，精力充沛，而且整天无忧无虑，是不可能会失眠的。但事实却完全不是这样的，有这样一些青春女孩却真真实实地患上了失眠症。

小雅是某一高校的学生，成绩也一直不错，在同一个学校的另一个班级里还有她的妹妹，叫小娴。她们两姐妹的性格完全不同，一个温柔安静，一人活泼开朗，但这并不影响她们姐妹之间的感情。她们每天都一起上学，放学，玩耍……她们的感情特别好，邻居见了都会夸奖她们是懂事的好孩子，父母也感到很欣慰。

这天放学时，天空依然下着雨，小雅骑着自行车带着小娴显得很是吃力。这时小雅的同学黄健从这里经过，并提出帮她载小娴，但小雅不太好意思麻烦他，就谢绝了他好意，黄健执意要帮她，小娴看黄健是真心实意的想帮助她们，于是二话没说，就跳到黄健的后座上了，小娴这样想：姐姐也真是的，难道载着我就不怕累吗？既然人家都已经提出来了，还有什么好拒绝的。

由于小娴比较活泼开朗，而黄健也是一个比较健谈的男生，所以，一路上她们有说有笑的，不一会儿就来到了家门口。倒是小雅，一路上没说几句话。从此以后，她们便有意无意地组成了"三人行"。小娴与黄健走得越来越近，这些小雅都是看得到的，然而，她认为这一切都正常的，她觉得两个性格相似的人都比较谈得来吧！

　　直到有一天，小娴与姐姐谈起一件事："姐姐，如果有个男孩儿要你做她的朋友，你会答应她吗？""还有，我发现，我也有些喜欢他！我知道，我们还在上学不应该考虑这方面的问题是不是？姐姐，如果是你，你会怎么做？"小雅发现小娴的表情是认真的，完全不是平日里那个无忧无虑的小女孩。小雅不知道该怎样回答妹妹这样的问题，小雅知道，妹妹说的这个男孩是谁。问题是，小雅也是喜欢这个男孩的，在妹妹没有认识这个男孩之前她就已经喜欢上了这个男孩，但只是在心里喜欢，她从来没告诉过任何人。小雅告诉妹妹说："既然，你知道现在不应该谈感情的问题，就应该知道怎么做的不是吗？"两个女孩就这样躺在属于她们共同的天地，各怀心事地望着窗外的星空，望着窗外的星光闪闪，她们在想些什么，星星可曾知道，女孩儿的心里面在想些什么，又有谁人知道？

　　也许这就是青春期少女的心事。心事，顾名思义，就是人们心里想的事。心事一般有两种，一种是高兴的心事，一种是不高兴的心事。大人们有心事，孩子们也有心事。就说小雅与小娴吧，她们有那么多快乐的心事，同时她们也有不快乐的心事。通常她们都会把那些烦恼的心事隐藏起来，不被任何人所发现，也不愿意告诉别人。青春少女总是喜欢对着天空中的明月倾诉自己的心愿；除非你是她们非常要好的朋友，当她们把自己的心事告诉你时，也就说明，她把你当成最好的朋友，你是她值得信任的人。她把心事告诉你，也许并不想听听你我的看法，也许并不需要你的回答，只是想把压在心里的事情吐出来，你只要是一个忠实的倾听者，你只要能够替她们保密就够了。

少女心事猜猜猜

十六岁的女孩，拥有了青春的她们，却失去了童年那份稚气与天真，因为步入了花季，便失去了孩时的无忧无虑、无牵无挂。从此她们有了粉红色的秘密，她们习惯将这些心事锁在心里。青春少女总是喜欢对着旷野中的小花，风中的小树诉说自己的心思。女生是一个多愁善感的群体，青春少女总爱为她们的心事，时而欢笑，时而烦恼，时而洒下几滴泪珠……青春期的女孩，她们的心情像高山流云，更像微波荡漾，跨进了青春的门槛，拾起一片属于青春的淡淡的忧郁。难怪人们常说少女的心思让人琢磨不定。

正如《女孩的心思你别猜》这首歌，它写出了青春期女孩子的心声。青春期的少女是一个爱做梦的季节，她们像恋巢的小鸟，拥有梦想与追求，脑海里尽是些遥远而美丽、可望不可及的玫瑰色的梦。梦想着有一天，自己站在灯光闪烁的舞台上，台下是无数双崇拜的眼光；梦想着心中的那个他能出现在自己眼前，梦想着有一个宽阔肩膀可以依靠。少女的心事总是那么多，青春期的少女都有她自己那么独特的心事，任由它去涨满自己那稚嫩的心灵……有时，犹如眼前的朦胧的薄雾，却似水般清晰；有时，犹如大风中的海潮，久久不能退去；有时，犹如流星，想要拥有它，却怎么也留不住它匆匆的脚步。很怀念小时候的时光，那么单纯，那么自由，那么天真无邪，不会像现在这样，有着这样那样的顾虑与烦恼……

每个人都在不断地成长，每个人都会有自己与众不同的道路，不同的选择方式会有不同的后果，有句话不是说"世上本无路，走的人多了自然也就成了路"吗？青少年应该明白自己的最终目的，只要心中有了目标和理想，那么每当获得一个小小的成功时，都会感到特别的快乐。凡事想得开，看得远，不因琐事所惑，那么自然就会摆脱那些所谓的烦心事。

1. 驱逐内心的烦恼

呵护心灵的翅膀，让自己健康快乐的成长。拨开心头的雾霭，做自己心理的主人。虽有聪明的头脑，却不懂得控制情绪，你将会是一个危险的人。青少年在成长过程中，缺少的是健康的心理品质与良好地控制情绪的能力，有了控制自己情绪的能力，也就随之拥有了打开成功大门的钥匙，让你在人生成败中找到起伏的法则，也将增加你傲然挺立的资本。

烦恼都是自找的

每个人都曾有过烦恼，也许你现在正在经历烦恼。其实，这些烦恼往往都是我们自找的。一颗浮躁的心灵往往被烦恼所牵挂。人毕竟是有理性和感性两面的，从感性方面来说，烦恼也是人之常情，是人人避免不了的。但是，由于每个人对待烦恼的态度不同，烦恼对人的影响也就不同，于是就有了所谓的乐观主义和悲观主义之分。乐观主义者是不会给自己找烦恼的，他们善于淡化烦恼，所以活得轻松，活得潇洒；而那些悲观主义者却喜欢自找烦恼，一旦有了烦恼，就发挥了放大镜的功效，愁思连连，剪不断，理还乱，活得很沉重。

青少年若想远离烦恼，就必须保持良好的心态，要有颗大事化小，小事化了，笑看云卷云舒，静观花开花落的心态。保持一颗平静的心，释放自己的心灵，让笑容永远在你的脸上绽放出最美丽的花朵。这样，无论你面对的事情有多么困难，多么复杂，在你看来，根本就不算困难。

心态左右心情

心态左右着我们的心情，我们开心时，就会感觉阳光很美好，做什么都是干劲十足，成功往往也会来得更容易些。相反，心情不好时，就算阳光再明媚也无法照亮我们的心空。我们所感受的就是那永远的阴霾，甚至越是好的天气越会让我们感到烦闷、压抑，那么，失败的几率也会大些。

保持良好的情绪，是我们促成成功的关键。积极的情绪是一种好的状态，也是一种良好的自身修养，更是我们见到每个人时的必要条件反射。如果我们用一种低落的情绪去面对我们身边的人的话，那见面一定不会取得好的效果，别人看到我们那个苦瓜脸，谁愿意再和我们继续呆下去呢？因为谁也不喜欢和一个情绪低落的人沟通！

青少年，以一种积极的情绪，以一种积极的状态来面对你们的生活。这样你们会容易收到阳光般的回馈！要让每一天都感觉特别有精神，特来劲，信心十足。在这种情况下，无论做什么事，成功都会眷顾你们的。但是这种状态，一般不容易控制，那我们又将如何才能让自己达到自我娱乐，自我开心释怀呢？去找到烦恼的根源。

有一个和尚，每次坐禅都感觉有一只大蜘蛛在干扰他，他想赶走它但总是束手无策，这使他很烦恼。师父知道后，让他在坐禅前先预备一支笔，等蜘蛛来时就在它身上画个记号，以便知道它来自哪里。和尚照办了，等他坐禅完毕，一看原来记号画在了自己的肚皮上。

青少年，你们从这个佛学小故事读懂了什么？这个故事其实在告诉我们，烦恼就源于我们自己。如果你自己不给自己烦恼，别人也永远不可能给你烦恼。明白了这个道理，你的人生怎能不快乐？

我们的烦恼是因为自己把自己捆住了。想要将自己从烦恼中解脱出来时，首先要做的就是问问自己的心，是否真的在烦恼中。烦恼是自己加给自己的。正所谓：天下本无事，庸人自扰之。

大家可以想象一下：有20多个水杯摆在茶几上。这些杯子各种各样，材料也不相同，有玻璃的，有塑料的，有瓷的，有纸的。有的杯子看起来高贵典雅，有的杯子看起来粗陋低廉……当你们渴的时候，让你们自己去倒水喝，你觉得结果会怎样呢？

　　大家会不会有意的拿起自己中意的杯子倒水喝呢，你们挑选的杯子是否都比较好看，比较别致的，你们是否选用了塑料杯和纸杯？谁都希望手里拿着的是一只好看一些的杯子，所以这也是很正常的，爱美之心人皆有之，何况对待我们身边的事物呢？但是，你们有没有想过你们需要的是水，而不是杯子。杯子的好坏，并不影响水的质量。如果我们有意把心思用在鸡毛蒜皮的琐事上，自然就难免自寻烦恼。

　　你的心态决定了你的心情，如果你喜欢的杯子由于你的动作慢了一步而被别人拿走了，你会不会而心烦呢？如果你的心态没有放在杯子上，而在于水上，你还会有烦恼吗？

烦恼是想象出来的

　　烦恼都是我们内心想象的，事实上，并没有那么多烦恼。心理学家说："一般人所忧虑的'烦恼'，有40%是属于过去的，有50%是属于未来的，只有10%是属于现在的。其中92%的'烦恼'未发生过，剩下的8%则多是可以轻易应付的。"因此，烦恼多是自己找来的。这就是所谓的"烦恼不寻人，人自寻烦恼"。

　　为了研究人们常常忧虑的"烦恼"问题,心理学家做了一个实验。

　　心理学家要求实验者在一个周日的晚上，把自己未来七天内所有忧虑的"烦恼"都写下来，然后投入一个指定的"烦恼箱"里。

　　过了三周之后，心理学家打开了这个"烦恼箱"，让所有实验者逐一核对自己写下的每项"烦恼"。结果发现，其中九成的"烦恼"并未真正发生。然后，心理学家要求实验者将记录了自己真正的"烦恼"的字条重新投入了"烦恼箱"。

　　又过了三周之后，心理学家又打开了这个"烦恼箱"，让所有实验者再一次逐一核对自己写下的每项"烦恼"。结果发现，绝大多数曾经的"烦恼"已经不再是"烦恼"了。

实验者切身地感到，烦恼这东西原来是预想的很多，出现的很少。

烦恼总是包含着不少想象，想象中的事情不是真实的，但是烦恼中的想象却是世界上最真实的事情之一。

一个人要往墙上挂幅画。家里找不到锤子。就想找对门的邻居借。走到邻居的门口，突然想到上次见到邻居时对方好像没有给自己打招呼。他开始犹豫起来：邻居是不是对自己有意见？为什么见面都不打招呼？有意见他为什么不直接说？邻居是不是不喜欢我？他有什么理由不喜欢我？有什么理由把我当作坏人？而且我仅仅是借个锤子而已。就是不喜欢我也可以借我个锤子呀。他越想越生气，就使劲拍打邻居的大门。邻居把大门打开了。没等邻居说话，他就非常愤怒地对邻居高声喊道："我只是想问你借个锤子，你为什么连锤子都不借给我？"

事实还没有发生，就去想象它已经发生的结果，你不是自己给自己烦恼吗？

青少年，别再自寻烦恼了，相信你的人生一定会出现一种全新的境界，你的生活会充满友好、鲜花和阳光，会令你赏心悦目，使你走上成功之路。最重要的是，这会为你的生活带来更多更灿烂、美好的微笑。

2. 赶走心中的压抑

压抑是现代社会较为普遍的病态及社会心理。在心理学上，它是指个人受挫后不是将变化的思想和情感释放出来或是转移到其他地方，而是将这种心理表现压抑在心头，不愿承认自己烦恼的存在。

压抑是现代人所面临的共同困境。它是指一个人受到挫折后不能接受，把这些不愉快的排斥到意识之外，压抑到潜意识之内，推迟而满足需要的状态。像是当我们陶醉在童年故事中时，很想开怀大笑但却因某种原因而又不敢在现实生活中放声大笑的意境，这就是在压抑自己的情绪。

　　压抑的心理一般来源于外部环境，也有可能是来自自身的原因。在生活中，青少年要学会适当地控制自己的情绪，但不要压抑自己的情绪。因为，每个人的情绪是不会自然消失的，如果你强行的压抑情绪会让你的心灵深处受到创伤。这种创伤可能会使你颓废，甚至还有厌世的心理，从而对生活失去信心。

　　小斌是某校高三的学生，他自幼学习成绩就非常好，父母把希望都寄托在他的身上，希望他能考上名牌大学。因此，母亲每天晚上都陪他看书，学习到深夜。由于小斌在过重的学习及家庭的压力下，他觉得自己的精神都快要崩溃了，甚至有不想参加高考的念头。他的心情十分压抑，总是不能安心的学习，性格也逐渐变得孤僻、易暴躁，以至于每天很晚了还是不能入睡，这种不良的情绪使他的成绩更是一落千丈。最终，还是没能考入理想的学府。

　　可见，压抑情绪的危害之大！每个人在生活的海洋中努力拼搏之时，都会面临两种状况，即成功或失败。如果失败了可能会导致沮丧，然而，沮丧的心理最有可能会导致情绪的压抑。要知道，人的一生中不可能是一帆风顺，如果心情不好或情绪不稳定时，要采取积极的方式来宣泄自己的不良情绪。如与朋友交谈，听些愉快轻松的音乐，参加一些娱乐性的体育活动等，也可以适度地大哭一场，切不可压抑。因为，压抑只是起到暂时减轻焦虑的作用，它不能让那些不良情绪完全消失，而是会变成某种潜意识，使人的心态和行为变得更为消极。

　　对于青少年来说，生活环境的不协调或经受过多的挫折都可能产生压抑的心理。原因如下：

　　（1）日常生活中的压抑。青少年在生活中必然要面临学习、生活等事情，如果自身的能力不能承担这些正常的实践任务或者经常过度地学习和生活，那么就会感到痛苦和压抑。例如：有些青少年面对繁重的学习负担及成绩下降，就会感到压抑消沉。

(2) 日常的行为规范产生的压抑。行为规范是调节、约束人们的行为准则。如果青少年有太多的行为规范或对自己的要求过于严格,然而,这些行为规范与你的接受能力相差甚远,因此极容易产生压抑的心理。

(3) 人际交往产生压抑。有些青少年性格内向,不爱说话。在学校的大家庭中因为自己性格孤僻、内向,不能被别的同学接纳。因此,内心比较孤独、忧郁而产生的压抑心理。

(4) 自身的条件产生的压抑。有的青少年因为自己长的丑陋或者有其他的身体缺陷而产生自卑、忧郁等压抑心理。有这种心理的青少年总认为别人会看不起自己,其在这种消极的自我暗示中会变得自闭或自暴自弃。

战胜压抑情绪

那么,生活当中对于压抑情绪的产生,青少年应如何战胜压抑的心理呢? 方法如下:

(1) 要正确地看待自己。如果青少年遇到挫折时,要先找出自身的主观原因,用自己的特长去弥补自身的不足。相信这个世上没有"十全十美的人",每个人都有优点和缺点,只要你积极向上、扬长避短,建立一个自立自强的心态,那么,压抑的心理就会自然而然的烟消云散了。

(2) 要多交朋友。性格内向的青少年要多交一些性格开朗、乐观向上的同龄朋友。这样你就会体会到友谊的温暖,从而走出压抑的困惑。

(3) 让快乐走进你的生活。有压抑心理的青少年一般都放弃了自己最喜爱的业余活动,要知道,这样做只会让你的心情更糟。此时,解除心理压抑的有效方法就是寻求快乐,你可以做些你喜欢的事情或是听些你喜欢的音乐等等。心理学家研究表明,一个人的行为影响着他的情绪。如果你感到压抑时,不要拖着疲惫的身体垂头丧气地走路,要像轻风那样疾走;不要愁眉苦脸,要露出你魅力十足的笑脸,这样你就会发现阳光照射出不同的色彩。

（4）亲近大自然。如果你的精神感到压抑时，可以到公园或田间去散散步，感受一下大自然的气息。

（5）适当地锻炼身体。英国著名的教育家斯宾说"健康的人格寓于健康的身体"。据有关人士调查研究,曾有许多情绪压抑者通过长期的体育锻炼,在精神上就轻松许多。有压抑心理的青少年可以做些适当的体育锻炼,例如散步、打篮球、骑车和游泳等。因为这些简单的运动可以让你的肌体得到彻底的放松,从而消除你紧张、压抑的心情。这样不仅让你精力充沛,还可以让你信心十足地面对生活的每一天。

3. 不良情绪的巧妙转移

人是情绪化的动物。可是,情绪又是一种很难说清楚又很难自己决定的东西,从心理学的角度来看,情绪是完全可以控制的。

然而,由于情绪非常不容易捉摸,也不容易控制,所以,很多人都讨厌情绪。青少年处于青春的发育期,缺乏社会经验的青少年对情绪的控制则更加不理智。

从整体上来说,青少年属于一个极为特殊的群体。他们的成长是快乐的,但与此同时,他们的成长也是迷茫的。由于对情绪地控制不当,很容易陷入成长误区。作为青少年必须学会巧妙地转移自己的不良情绪,方可为自己的成长加足砝码。

一般说来,青少年试图驱除不想要的感受,同时也会设法驱除伴之而来的苦恼,最常用的办法就是用意志力来迫使这种感受消失,集中意志力来摆脱不舒服感受的过程,就是一种情绪上的转移。

情绪,此乃人之常情

每个人的情绪都会时好时坏。学会控制情绪是我们成功和快乐的要诀。实际上没有任何东西比我们的情绪,也就是我们心里的感觉,更能影响和控制我们的生活了。

一般来说,我们所有的情绪都有属于它正面的意义,即使有一些"负面"情绪,也绝不应该为我们所厌。事实上,它们都起到了非常重要的作用,是完全值得我们重视的,别忘了情绪本身就是一种推动力!

李特尔太太一生都是任劳任怨地侍奉丈夫和三个儿子。她总是为他们的幸福甘愿牺牲自己,忘却自己的需要。但她暗自觉得生活空虚,从未做过任何使自己快乐、值得自豪的事。最后她开始受怨恨和愤怒的影响,不好好地服侍丈夫和儿子了。她做事马虎,不愿帮忙。她的行为实是内疚心理的表露——很多年前就应发出的心声。

李特尔太太很难向家人发脾气,她总以为发怒就表示不爱对方。其实愤怒和爱一样都是人情之常。我们不应把情绪分为好的和坏的,应该分为愉快和不愉快的,设法了解情绪并予以解决应付,然后我们才能过有建设性的生活。

从这里,我们可以知道,第一,动感情是消耗精力的;第二,一切情绪,尤其是不愉快的情绪,都必须等它消了才会好。

因此来说,有些问题并不在情绪本身,就要看你是如何去拓展你情绪上的选择空间,也就是情绪运用的能力。如果你感到你在情绪上没有选择的余地,那么,"负面"情绪似乎往往要占上风,它将主宰并控制你的思想及行为。当你有了情绪上的运用能力时,你就能对这些情绪产生新的想法并赋予它们新的价值。

作为青少年来说,只要在遇到不良情绪袭击的时候,学会巧妙地转移就会处理掉你心理上的所有难题。因为情绪真的很需要你巧妙地转移,否则就会对青少年的身心健康产生不良的影响。

巧妙转移你的情绪

根据心理学家研究表明:情绪的转移有助人类的心理健康。青少年只要适当的情绪转移，就可以让你的心情变得好起来，从而更好的梳理自己的情绪。情绪转移的途径也有许多种。在生活中大多数的情况下，你完全可以选择你所要体验的情绪。

有句话说的好:态度就像是磁铁,不论我们的思想是正面的或者说是负面的,我们都会受到它的牵引。与此同时,思想也就像轮子一般,使我们朝一个特定的方向前进。当你再一次去体验"负面"情绪的时候,结果发现你的"痛苦感"不见了! 你就会看到"负面"情绪可以为你的目的服务,并能不断地帮助你找出方法并给予能量动力去解决困难。

进一步说，所谓的"负面"情绪，多数都是把我们的注意力转移到了生活中那些不顺心的事情上。通过把我们的注意力引向那些不顺心的事并使我们处于一种情绪状态,通过这种情绪状态我们能对所处的局面作出评价,所以这些"负面"情绪状态就可以帮助我们搞清楚事物并找到解决困难的方法。

一旦获得了情绪上的自由，也就大大拓展了我们精神领域的活动空间，例如，当你情绪低落的时候，你的意识可能会马上提醒你:"喂，别忘了，它是为你服务的。"因而你就会在感到悲伤和一种更积极的感觉之间做出选择。你当然会选择快乐，难道不是吗?

虽然，我们无法选择每天要发生的事情，但我们可以选择我们的情绪状态;虽然我们无法调整环境来完全适应自己的生活，但可以调整情绪来适应一切的环境;毕竟你的生活并非全数由生命所发生的事所决定,而是由你自己面对生命的态度,和你的心灵看待事情的态度来决定。

4. 控制自己的冲动

在生理学上，冲动是指神经受到刺激后产生的兴奋反应。在日常生活中，冲动是最无力的情绪，也是最具破坏性的情绪，也就是说理性弱于情绪的心理现象。冲动是来源于自我保护的一种心理补偿。

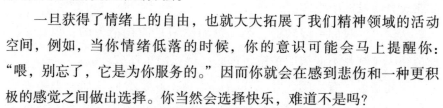

冲动的心理表现

某中学初二学生小可，今年 *16* 岁，他在家中是独生子，长这么大以来他一直是家长眼中的乖孩子。最近，小可突然发现自己变得脾气暴躁起来，有时因冲动还与其他同学吵架，事后仔细想想都是鸡毛蒜皮的小事，根本就不必要小题大做。在家里他也经常与父母怄气，有时父母批评他几句，他就暴跳如雷、大动肝火，把父母气得直跺脚，但是也无可奈何。小可为自己的脾气感到很苦恼，他知道自己不对，可是事情一旦发生了，他又控制不住自己的情绪，过后又十分后悔。

有一天，同桌借了小可的一支钢笔，但是因不小心把笔弄坏了，小可很生气，虽然同桌诚恳地向他道歉了，但是小可还是当众把同桌骂了一顿，这一举动严重影响了他们之间的友谊，而且，小可的形象在其他同学眼中也大受损伤。小可为此事内疚了好久，他真的搞不懂自己现在怎么那么的冲动。

一般青少年的情绪特征是以冲动和暴发为主的，这就叫做边界性格紊乱的心理疾病。在现实生活中，青少年常常会遇到很多不称心的事情。例如：学习时受到外界干扰，珍爱的物品被别人损坏或自尊心受到伤害等，这些都容易使其发火。有些青少年与人相处时往往因为一言不合就火冒三丈。在情绪冲动时做出使自己后悔不已的事情来。所以，经常发火对人对己都是不利的。因此，青少年应该采取一些积极有效的措施来控制自己冲动的情绪。

有关专家说"冲动的行为对于他们来说总是有特殊的意义"，青少年时期迈向成熟的过渡时期，他们情绪和感情都极不稳定。有些青年学生不善于控制情绪，因此，而深受其害。比如，有时因不值得一提的小事而极度悲伤或大发脾气，有时因为成绩不理想而沮丧。还有的青少年常常被悲观、忧郁、孤独、紧张等不良情绪所困扰，导致对学习缺乏主动性和自觉性；甚至有的青少年因为成绩不好或学习压力重，就跳楼自杀。由此可见，自身的情绪控制非常重要。

战胜冲动

上面例中的小可就是因为情绪冲动，一而再再而三地犯错，最终造成犯下不可弥补的过错。那么，爱冲动的青少年应采取一些积极有效的方法来控制自己冲动的情绪。

（1）理智地控制自己的情绪。用理智和意志来控制情绪，表面上是对自己的自由约束，其实，这种约束却能使你获得更多的自由。青少年在遇到强烈的情绪刺激时，要强迫自己冷静下来，并快速分析事情的前因后果。然后，采取消除冲动情绪的"缓兵之计"，用理智战胜情绪上的困扰，正确评价自己，这不仅看到了自己的优势，也看到了自己的不足；进而使自己远离冲动、鲁莽的局面。因此，在某种意义上，青少年如果能够理智地控制自己的情绪也意味着主宰了自己的命运。

（2）用暗示、转移注意法。如果青少年遇到了使自己生气的事，一般都触动了自己的自尊和利益，此时是很难冷静下来的，所以，如果你发现自己的情绪非常激动、难以控制时，可以采取暗示或转移注意力的方法来做自我放松，并鼓励自己克制冲动的情绪。坚信冲动并不能解决问题，要锻炼自制力，学会用转移注意力或暗示的方法来处理问题。

（3）培养沟通的能力。在你不生气的时候，去和那些经常受你气的人谈谈心。听听彼此间最容易使对方发怒的事情，然后，想一个好的沟通方式，注意控制自己的情绪不让自己生气。你可以出去散散步来缓和自己的情绪，这样保持一个平衡的心态你就不会继续用毫无意义的怒气来虐待自己了。

（4）让自己冷静下来。在遇到冲突和不顺心的事时，最好不要去逃避问题，要学会掌握一些处理矛盾的方法。你可以考虑一下事情的前因后果，弄明白发生冲突的原因，双方分歧的关键在哪；然后，进行冷静地分析并找出一个切实可行的方法。例如：当你被别人无聊地讽刺或嘲笑时，如果你顿显暴怒，反唇相讥，就会引起双方的强烈争执，最终可能会出现于事无补的后果。此时，如果你冷静下来，采取一些有效的对策，如用沉默来抵挡抗议或者指责对方无聊，这样就会有效地抵御或避免冲动的情绪发生。

（5）多参加户外运动。心理学家研究表明，运动是有效解决愤怒的方法，特别是户外活动。青少年时期正是年轻力壮的时候，要主动参加一些消耗体力的户外运动，例如：登山、游泳、跑步或拳击等，使那些不良的情绪得以宣泄。如果你觉得自己的情绪无法控制时，可以主动做一些户外运动，让冲动的情绪随着运动一起消失。

实践证明，调节自己的情绪最好的办法是先把你认为恼火的事搁在一边。等你冷静下来后，再去处理它们。其实，一个人的情商高低，是体现在自身情绪控制的成败上。发脾气是值得赞扬的，如果你能把握住在适当的场合理智地发脾气，那也是非常明智的做法。因此，控制情绪不只是简单的抑制，而是在自我教育、自我评价和自我调节中进取的。

5. 小心掉进易怒的陷阱

每个人都不可能避免发怒，因为当遇到别人伤及自己的自尊和人格的境况时，每个人都有权利发怒，这是很正常的。但易发怒的人就另当别论了，特别是没有烦恼的青少年，如果拥有易怒的情绪，不但会害己还会伤及他人。

所谓易怒就是火气大，爱发脾气，遇到一点小事就怒火中烧，它是一种敌意和愤怒的心态，是当人们的主观愿望与客观现实相悖时所产生的消极的情绪反应。有的同学在学校对同学的态度很温和，显得温文尔雅，文质彬彬；可是在家里，面对自己的父母，稍有不遂意，就大发脾气。也有一些不但在家里这样，在学校对老师和同学也动不动就顶撞和冲突，让周围的人敬而远之。所以说，青少年如果不能很好地控制住这种消极的情绪，就很容易给生活带来困扰。

易怒的产生及危害

生活中有许多青少年喜欢同别人发生冲突或是在发脾气时砸东西；相反，也有一些同学在类似的情况下则表现得比较克制。其实，易怒并不是与生俱来的，它的产生也是有许多原因的。

（1）自然反应。青少年在学习压力空前繁重的情况下，总会遇到各种各样的心结。而愤怒则是他们用来自我保护的情绪，是一种防御措施，因此，他们在缺乏自信或感到害怕时，往往会通过愤怒来掩饰自己的其他情绪。这就是那些有过不幸遭遇的青少年容易动怒的原因之一。

（2）心理因素及生理因素。心胸不够宽广，期望太高，心态失衡，思维极端，容易冲动等。其生理因素则是，血液中调节情绪、控制行为有关的物质——5－羟色胺等不足。它与先天的遗传以及后天的饮食习惯等有关。

另外，环境的影响如气候与噪音也会使他们产生易怒情绪。青少年表现易怒形式非常明显，如一发火就骂人、砸东西、情绪反应不理智、不会开玩笑、遇到任何小挫折都只会发泄、什么事都干得出来、听不进别人劝告……这些反应对己对人都是有极大伤害的，具体有以下几点：

（1）有易怒现象的青少年，在交际中永远得不到别人的尊重和欢迎。生活中不乏这样的学生，胸怀大志，才华满腹，既有条件，又有超人的能力。但是，他们却始终郁郁不得志，甚至是别人眼中的失败者和负面教材。而这些都是由易怒所致，有了这种情绪，同学们当然是离他越远越好。所以，即使是再好的千里马也会被易怒所牵制。

（2）发怒是莽夫所为，是无能的表现，是一个人低修养的表露。

发怒时，血液循环加快，情绪激动，不由自主地就会同父母高声争吵，有时甚至还动手伤人或自伤，这都是不理智的行为。正如宋代大文豪苏轼的名言："匹夫见辱，拔剑而起，挺身而斗，此不足为勇也。天下大勇者，卒然临之而不惊，无故加之而不怒。"

青少年该如何摆脱易怒

当青少年面临着无由而来的怒气时，与其埋怨别人，不如自我反省。其实，很多时候，生气是由自身的原因而造成的。所以，在生气时，要学会从自身找原因，常常进行自我反省。人总是在自省中认清自己的，并且决定自己不生气。相信自己能做得到。在面对怒气时，不妨从以下几方面来摆脱发怒的情绪。

（1）要回忆自己的行为，看看自己的怒气是否有道理。也许在这些思考当中，你会发现自己有时候明显是无理取闹。所以，如果你在发怒之前能想一想发怒的对象和理由是否合适，方法是否适当，你发怒的次数就会减少90%.

（2）情境转移。火儿上来的时候，对那些看不惯的人和事往往越看越气，越看越火，这时可以迅速离开使你发怒的场合，最好再能和谈得来的朋友一起听听音乐、逛逛商店、打打球、散散步、看看电影，或到没人的地方大喊大叫几声，或打个心理咨询热线电话，或写篇长长的日记抒发感受。这样你就会渐渐地平静下来，不良的情绪就被宣泄掉了。

（3）要经常对自己进行自我反省，加强道德修养。生活中你可以观察到，易上火的人对鸡毛蒜皮的小事都很在意，别人不经意的一句话，他会耿耿于怀。过后，他又会把事情尽往坏处想，结果就是把事情越想越坏，越来越气，终至怒气冲天。要想熄灭心中之火，最重要的一条就是要加强思想道德修养。培养自己养成对人要宽容大度的胸怀，将心比心，不斤斤计较的习惯。当遇不平之事时，也应该心平气和，冷静地、不抱成见地让对方明白他的言行之所错，而不应该迅速地做出不恰当的回击，从而剥夺了对方承认错误的机会。所以，在生活中，要经常对自己的道德品质进行反省，不断地对自己进行完善与提高，如此方能自如地克制激动情绪，也就不会遇事即刻弹跳起来，大发雷霆了。

（4）做情绪的主人。从一个青少年的心理健康上可以看出他的人格是否成熟，他如果能很好地控制自己的情绪，又能很恰当地表达自己的情绪；他理解自己的情绪和别人的情绪是怎么产生的；他能够积极地、建设性地处理情绪方面的问题，而不被消极的情绪所左右。那么，他就是自己情绪的主人。当心中无名火起时，就要及时给自己警告：注意，克制，再克制。往往有一两分钟，你就能够稳住情绪，就不会因一时的冲动而产生不理智的行为。

（5）当你的心中被怒气与愤懑填充，内心充满不快和敌意时，如果你能先检查一下自己，谦虚点，火气自然就会烟消云散，矛盾也就不至于越弄越僵了。如果不顾一切的与对方大吵或怒骂一通，那么发泄过后，唯一的结果就是伤害。其实，这种发泄并非有益，最好的解决办法就是忍一忍，压一压火，控制自己的情绪，不要轻易被怒气所控制。

（6）控制自己的意识。经常为小事而生气是愚蠢的表现，如果一个青少年比较容易上火，那么难免就会有些事情做不好，甚至可能得罪人。所以，无论你做什么事情都不能意气用事，更不能生气，应该知道生气是解决不了问题的，生气只能害人害己。遇事要懂得静下心来想一想，要用意识控制自己，提醒自己应当保持理性，还可进行自我暗示"别发火，发火会伤身体"，把不利变为有利，把坏事变为好事。

（7）想生气的时候学会微笑。微笑有不可估量的魅力，不可预测的力量！微笑是豁达在脸上绽放的花朵，是宽容在眼里迸发的深情。既能安慰对方因失误而愧疚的心，还能够让对方对你心存感激，而且还能得到对方的信任和尊重。同时，你也不会因为发怒而伤害身体，能够保持自己心态的平和宁静，难道不好吗？

（8）饮食调节。多选食苦味、酸味的苦瓜及山楂等，同时可取菊花 10 克，决明子 10 克，甘草 3 克，煎汤代茶饮。肉类摄取量要减少，多吃粗粮、蔬菜和水果。因为肉类使脑中色氨酸减少，大量肉食，会使人越来越烦躁。而保持清淡饮食，性情比较温和。此外，气温过高也会引起人烦躁不安的情绪，多喝水可以起到让血液稀释的作用，让心情平和下来。

青少年只有摆脱易怒的不良情况，才能使自己更健康快乐地成长。

生活中如有青少年易怒，不妨从以上方法试着将其摆脱。青少年拥有良好的情绪，对健康成长是非常重要的！

6. 为自己的情绪找出口

当人出现不良情绪时，总得要宣泄出来的。宣泄，可以解释为：排除障碍，得以舒畅。它是依据情商调控不良情绪的方法之一。适度地宣泄对人体养生保健是必要的，但要掌握适度。掌握适度有赖于人的情商高低，也即是要靠人的自身素质、气度、修养和阅历来调控。

生活中，人要学会正确释放、宣泄自己的消极情绪。一般来说，当人处于困境、逆境时容易产生不良情绪，而且当这种不良情绪不能释放、长期压抑时，就容易产生情绪化行为。怎么办？要承认现实，要认识到，环境的不幸是难免的，关键是不要自己折磨自己，过度的压抑不会帮你摆脱痛苦，相反地，它会加速缩短你的生理寿命和社会寿命。为此，就要旧地重游这种消极情绪适时地将它释放、宣泄出去，譬如多找一找好朋友谈心，以自己最"拿手"的方式参与社会，多找一些乐趣的事干，多参与社会活动，多出一点成果，从中去寻找自己的精神安慰、精神寄托等等。

宣泄情绪，解决心理难题

每个人都会有情绪低落的时候。随着生活节奏的加快，学习、生活压力的增大，再加上复杂的社会关系、人际关系，好多人都会定时的情绪低落，好像有周期性似的。在外人眼里，还要强颜欢笑，自己内心却郁闷无比。由此可知，人要学会发泄，适时地调节自己的情绪，千万不可积郁于心。

小强在公司人缘很好，他性情温和、待人和善，几乎没人看他生气过。有一次，小刚经过他家，顺道去看看他，却发现他正在顶楼上对着天上飞过来的飞机吼叫，便好奇地问其原因。

他说："我住的地方靠近机场，每当飞机起落时都会听到巨大的噪音。后来，当我心情不好或是受了委屈、遇到挫折，想要发脾气时，我就会跑上顶楼，等待飞机飞过，然后对着飞机放声大吼。等飞机飞走了，我的不快、怨气也被飞机一并带走了。"

故事中的小强知道如何适时宣泄自己的情绪，因而脾气也特好。可见，适时宣泄自己的情绪是件多么重要的事情。人若一味地压抑心中不快，并不能解决问题。在生活步调紧凑繁忙的现今社会中，人人都应学习如何舒解自己的精神压力，如此才能活出健康豁达的人生。一些压力是必须的，就像船，必须要有些东西去压船，才能航行。

从心理学的角度来讲，人要实现心理上的健康，必须完成由"小我"到"大我"的转变。所谓"小我"，就是自我的小圈子，封闭的自我。所谓"大我"，就是将自我融入到自己所处的群体、环境乃至社会中，在群体和社会中多担负责任，与他人和谐相处。而人要走出"小我"，就要有一种"忘我"的精神，满怀热情与兴趣地去学习、工作、生活、交往，这种"忘我"的精神会使你忘了自己的那点痛苦、挫折、不适、得失，体验到的是愉悦、成功、自豪、充实。如此，你的许多原来看似难解的心理症结，就会在不知不觉中解决。

适时宣泄情绪，快乐自我

美国斯坦福大学一专家组进行以"宣泄"为题实验研究，发现一些人头脑容易发热，脾气非常急躁，当受到批评、挫折或失败时，总爱与他人争吵。此时对他们进行即时检测，他们当中发生房颤的几率比性情温和的人要高出 30%. 房颤，是心律不齐的表现，容易诱发猝死。单靠发脾气来宣泄个人激愤情感，有害于心脏健康。也有些人在发脾气后经常出现头痛或肌肉酸痛，这些人出现房颤的机率就更高。还有些人平时忍气吞声、爱生闷气，患房颤的几率同样比心态平和的人要高出 20%. 前者属于宣泄过度，后者则是没有宣泄。可见，适时宣泄自己的情绪是非常必要的。青少年宣泄自己的情绪可从以下方面做起：

学会放松。当你感觉过分紧张、烦恼、恐惧时，可采用深呼吸的方法放松自己，即深深地吸气，慢慢地呼气，使自己的身心放松。也可以采用自我暗示的方法，如反复默念："我现在放松了，我的全身处于自然而然的轻松状态。"还可以用回忆过去成功的体验来鼓励自己。

学会自我安慰。面对人生的失败和挫折，青少年要面对现实，自己给自己一种安慰，自己给自己一种出路。李白的"天生我才必有用"是一种对人生的超脱、潇洒的态度，也是一种在精神上的自我肯定。人生要经历无数成功和失败，要学会不沉醉于一时成功的喜悦，也不沉沦于一时失败的沮丧，要学会以一种潇洒的态度来对待人生。当一个人追求某项目标而达不到时，为了减少内心的失望，可以找一个理由来安慰自己，就如狐狸吃不到葡萄说葡萄酸一样。这不是自欺欺人，偶尔作为缓解情绪的方法，是很有好处的。

学会幽默。幽默是一种特殊的情绪表现，也是人们适应环境的工具。具有幽默感，可使人们对生活保持积极乐观的态度。许多看似烦恼的事物，用幽默的方法对付，往往可以使人们的不愉快情绪荡然无存，立即变得轻松起来。

学会转移自己的情绪。心理学家认为：情绪反应是建立在高级神经中枢的暂时联系，当人们受到精神刺激时，大脑皮层就建立起一个兴奋点，如果有意识地再建立一个新的兴奋点，就可能使原来的兴奋点受到抑制。当火气上涌时，有意识地转移话题或做点别的事情来分散注意力，便可使情绪得到缓解。打打球、散散步、听听流行音乐，也有助于转移不愉快情绪。

学会宣泄自己的情绪。心理学家认为：人们不要无限地压抑情绪，而是使情绪得到适当的宣泄。由失败而引起的不愉快情绪在经历一段时间积蓄后，最好让这种情绪得到宣泄。其方法是：可以向知心朋友倾诉你的苦闷，还可以把自己的不快写进日记，写进给朋友的信中。总之，要不愉快的、压抑的情绪抛到自身之外，这会减轻精神上的负担和压力。

青少年阶段，是一个人人都非常羡慕的年龄段，但是，他们也有着自己的烦恼。如果不能学会适时宣泄情绪，那么他的人生就将会是灰暗的。

因此，人生充满快乐的时光弥足珍贵，但快乐的分量极其有限，调控"情商"，适度宣泄，能让多彩的人生经常定格在幸福欢乐的瞬间。

7. 敞开心灵接受失败

在这个世界上，每个人都喜欢成功，不想失败。可是生为世人，需要为自己的追求而奔波四海，在这个过程中，多多少少的总会遇到一些棘手的问题致使你失败、一无所有，也许你会因此而丧失信心，因此而一蹶不振。

古人云："不经一番寒彻骨，怎得梅花扑鼻香。"失败是每个人都会遇到的，关键是你要怎样正确的看待失败，从失败中汲取经验和教训，把失败当作成功的阶梯，在这样的勇敢者面前就永远不会有失败；反之，被失败压垮或在失败中消沉,失败将紧随于你,使你的人生一事无成。所以,面对失败,不要害怕,一切都可以重新开始,希望就在前方。保持一颗乐观的心态看待失败,只有这样你才能永远立于不败之地。

失败是人走向成功的必经之路

人活世间,我们所走的历程,大部分是由层层叠叠的挫折、失败所堆积起来的。其实,失败都是常事,很多人们都是在起落不定、得失无常中,感受着皆大欢喜、痛心疾首。或许我们很迷惘,或许我们很堕落,但在迷惘和堕落后,必须要恢复理智,好好面对现实、应变生活。

王健是一位有理想、有抱负的学生,在大学里他所学的专业是食品工程,而且他对于整合食品营养方面都颇有见识和看法。

20世纪80年代末,他刚刚毕业就找到一份月薪2000元的工作,而且还是对口的食品厂的科研工作。但是他不甘于就这样为别人做事,他想有自己的工厂,有自己的事业,于是,他放弃了这份高收入的工作,搞起了粉丝加工生意。很快,他的工厂就建起来了,没想到的是,由于选择的产品其工艺技术有问题,生产出的粉丝质量不过关,极容易断,虽然已经找到了解决的方法,却没钱把粉丝厂继续办下去。就这样,他把自己所有的积蓄和借来的十几万元赔得一干二净,他的第一次创业则以失败而终止。

失去事业的王健还是不服输,又开始了他的第二次创业。这次他重新选择一种效益不错的项目——开发新品种肉松。刚开始的时候生意还不错,获得或多或少的利润,还还清了以前所欠下的债务。但好景不长,肉松市场的假冒伪劣产品也越来越多。当时,在他厂里所做的肉松一斤的成本价格就需13元左右,而市场上的一些假冒伪劣肉松才卖9元钱,这样一来他的产品就没有了市场,很快第二次生意又以失败而关门。

"屡战屡败,越挫越勇",这八个字用来形容他是最好不过的。在经受前两次打击之后，他仍不服输，不向失败低头，再次开始了他的第三次创业。这一次，他开了一家早餐配送中心，正应验了"失败是成功的积累"这句话，他终于成功了，而且还在当地小有名气。

没有输过的，不算赢家；常在江边走的，哪能不湿鞋。事实告诉我们：失败是人走向成功不能缺少的经历，失败是人必须学习的一件事，不要用"不可能"、"不行"来否定自己，更不要害怕失败，挫折是暂时的，鼓起勇气，去战胜新的困难，去迎接新的明天。只有仔细回味把握人生挫折，才能真正领会感悟人生的乐趣；只有敢于挑战艰难挫折，才能真正地改变自己的命运；有起起落落的成功与失败，有输有赢，才是完整的人生。也只有在战胜了人生挫折以后，才能使自己变得更加强大，真正走向成功。

而那种自甘堕落的态度只是对失败的一种逃避。在遭到惊涛骇浪地袭击时，越是拼命挣扎，越容易被巨浪所吞没。身处挫败之中就必须以最大的勇气去作拼搏。人生的困难和挫折对每个人来说，都是难得的考验。越是抱有宏大的理想的人，越会遇到更大的困难和失败。困难和挫折是自己的一面镜子，只有照到你，你才会看清自己、认识自己，并从而得到进一步的成长。正如一位哲人所说：失败是人生中的引路灯，是指明成功方向的大坐标。

正确地看待失败，允许自己失败

人的一生不可能是风平浪静的，总会或多或少地遇到一些阻止自己前进的障碍物。至于是搬开石头继续向前走，还是绊死在一块石头上，完全在于他自己的态度。同样是一次失败，有些人开怀大笑，认为那是自己最成功的事情，因为他很清楚，同一种错误他不会再犯第二次，所以他们总以"失败是成功之母"为座右铭；另一部分人，面对失败便心灰意冷，不断地回想着自己的失误，生活在回忆的阴影之中。所以他们总会认为："我的天空在下雨。"

不经历风雨怎能见彩虹！失败是步向成功的垫脚石。人的完整圆满一生中,在一个生命周期的轨迹里,必定要亲身经历多次失败,必定要经常品饮失败的苦酒,必定要时常抚摸失败创伤的心灵瘢痕。一个人的一生,没有经历过失败的一生,是不完整的一生,是不成熟的一生。

所以,对于青少年来说,应该正确地看待失败,要允许自己失败,不要把失败看成是一种不可挽回的错误。"塞翁失马,焉知非福"。也许一次失败,会成为重大转折,反而给予你人生辉煌的动力。此时此地的失败不代表彼时彼地的失败,今天的失败不代表明天的失败。用这种泰然处之的心态对待失败,就会不停止地奋斗和努力,最终获得成功。

8. 总有一扇窗为你打开

在这个世界上,从来没有人们所说的"绝境"。因为无论黑夜有多么的漫长,朝阳总会冉冉升起;无论风雪怎样肆虐,春风总会缓缓吹拂……而现实生活中,对于当代的青少年们来说,更是不存在"绝境",即使是挫折接连不断,失败如影响随形,你也永远不要怀疑,因为总会有一扇窗会为你打开。

不要拿失败惩罚自己

生活在这个世界上,不可能事事都如意。而对于那些所谓的烦恼,你不妨扪心自问,是否常起因于自己与自己过不去?事实上,人非圣贤,孰能无过?如果为了一点不经意的过错、挫折、烦恼而使自己深陷在无尽的自责、哀怨、痛悔之中难以自拔,那他的生命就会失去光彩。还有些人由于自己犯了一个小小的错误就无法原谅自己,甚至辱骂自己、讨厌自己,患了厌己症,总觉得别人总是责怪自己,终日感到惶惶不安,使自己的生活暗淡无光。而有些人则可以在失败中找回自己，甚至比以往更成功的自己，而不是拿自己的失败来惩罚自己。

作为商人的麦士，因为患了白内障而很大程度的影响了视力，这不仅使他不能阅读与写作，就连驾车外出都极其艰难。于是他只能住院治疗，期间与他一同患病的一位病友因为受不了这种黑暗地折磨，不是对别人大发雷霆就是喝得酩酊大醉，终于这种状态持续了半年后，这位病友就离开了人世。朝夕相处的麦士感到非常凄凉。

因为麦士的病情并不乐观，因此他的生意渐渐陷入了困境。在那段艰难的日子里，特别喜欢阅读的他也深受视力不良带给他的不便，于是他决定寻找一种能够容易阅读的字体。他寻找了一年多后，终于发现在纸上印有粗线条的斜纹字体，不但对视力有障碍的人大有帮助，也能提高一般人的阅读速度。

之后，他把他仅有的积蓄从银行取了出来，把这组新研究出来的字体整理好，计划好好地推广一翻。他还在加州自设了印刷厂，第一部特别印刷而成的书上市后，仅在一个月内，他就接到了订购70万本的订单，不仅使他的事业又一次的成功了，还给许多像他一样的患者带去了诸多方便。

的确，面对人生中的一点点挫折，不同的人会有不同的解决方法，选择勇敢面对的人一定会像麦士一样收获成功，而选择退缩的人就会像麦士的病友一样失去所有，这样不仅失去了快乐的心境，同时还影响了自己的精神状态，甚至是生命。因此，面对生活中的困境为何不抱着尝试的态度去试一试呢！对于广大青少年来说，更需要麦士先生的这种勇气，不要为了生活中一点点小小的挫折而影响了自己，也不要拿这些所谓的失败来惩罚自己，因为这些只有愚者才会那样做。

成功的背后

一场雷电引发的山火，将保罗·迪克刚刚从祖父手中继承的美丽

"森林庄园"化为灰烬。他面对这片焦黑的树桩，真是欲哭无泪不知道怎么办好。但年轻的他不甘心百年基业毁于一旦，于是对自己说一定要将这座庄园重新修复成原来的样子。之后他便向银行提交了贷款申请，但银行对于他的情况却无情地拒绝了。接下来，他四处求亲告友，却没有一个人向他伸出援助之手。所有可能借的人他全试过了，但几天下来却一无所获。这时，他才明白以后再也看不到那片郁郁葱葱的树林了。他的心也掉进了无尽的黑暗之中，为此，他的眼睛熬出了血丝，整天闭门不出，茶饭不思，一心想着怎样才能把这片庄园修复。

一段时间后，他的外祖母知道他的情况后，意味深长地对他说："年轻人，庄园成了废墟并不可怕，可怕的是你的眼睛一天天地老去，失去了光泽。一双没有光泽的眼睛，怎么能够看得见希望呢?"

听了外祖母的劝说，他一个人走在了深秋的街上，也不知道要去哪里，只是漫无目的地走着。不知道走了多长时间，他在一条街道的拐角处，看见一家店铺的门前人头攒动，走近才发现，原来是一些妇女们在排队购买木炭，那一块块木炭让他突然眼睛一亮，这给了他一丝希望。

接下来的日子里，他雇了几名烧炭工人，将庄园里烧焦的树加工成优质的木炭，分装成箱后，送到了集市，结果很快就被抢购一空。在得到了一笔不菲的收入后，他又用这笔钱买了一大批树苗，一个比原来更新、更大的庄园又初具规模了，几年以后，一个新的"森林庄园"再度绿意盎然。

生活中，失败是必不可少的，意外也可能随时发生。当发生这种情况后，如果只顾自暴自弃，不去发现新的成功，那他则永远也无法成功，而那些在失败过后，去寻找希望的人则很快会得到成功。在这个世界上的人，没有一个人不想要成功，但是大千世界，芸芸众生，想要获得成功岂是一件容易的事情。谁不想做万人之上备受注目的赢家?但成功的关键就在于失败后你做了什么，同时它将也是你成功背后的一段经历。

现代青少年们一定要明白，在今天这个激烈竞争的社会中，欲望在增加，弱者是肉，强者则食。成功就像一块已经饱和了的海绵，一旦有水分进入就一定会有水分在反方向被挤出。现实就是如此残酷，你能接受也好，不能接受也罢。现实就是如此，关键在于你自己如何对待你的失败。大部分的人在失败后，总是认为自己的"绝境"到了，殊不知，成功的背后就是这种所谓的"绝境"创造的。

9. 不要为自己的心上锁

人的一辈子不可能顺风顺水，总要有失利的时候。人生过程也就是得到与失去的过程，如果没有失也就无所谓得。所以，得与失是人生当中很正常的现象。

可是现实生活中，却有很多人不能正视得与失，他们常为一时的得而欣喜若狂，又为短暂的失而黯然心碎。其实大可不必，真正成熟的人是不会计较这些的。要知道，我们每个人最初来到这个世界上的时候，就是一无所有的，随着一天天地长大，我们才慢慢地获得了许多东西，如果因为某种原因我们又失去了它们，那也只不过是回到了从前，又有什么可悲伤的呢？人之所以会悲伤，就是因为把以前的得到看成了理所当然。所以要想活出一个有意义的人生，就不能仅仅习惯于得到，还要习惯于失去。失去本身并没有问题，有问题的只是人的心理。

失手打翻了一瓶牛奶，固然令人心里不是滋味，可是也无需为此哭泣。因为哭泣并不能让牛奶恢复原样，只不过让自己徒增伤心罢了。我们的痛苦并不是来自于失去，而是来自于我们的"不肯放手"。

万事看开，得失随缘

有个人坐在一艘轮船的甲板上看报纸，突然刮起了一阵大风，把他新买的帽子刮到了大海中。令别人惊奇的是，他不慌不忙地用手摸了一下头，又看了看正在飘落的帽子，像是什么事都没有发生似的又接着看起了报纸。有个人很是不解，于是问他："先生，你的帽子被刮入大海中了！"

"知道了，谢谢！"他仍然低头看报纸。

"可是你那顶帽子值几十美元呢！"

"是的，所以我正在考虑该如何省钱再买一顶呢？帽子丢了我很心疼，可是它再也回不来了，不是吗？"说完又看起了报纸。

的确，失去的已经失去了，何必为之大惊小怪或耿耿于怀呢？人生长路漫漫，总要有失去的时候。既然失去了，就不要再强求，毕竟有些失去是靠人为的力量不能扭转的，比如单位要裁员你不幸被选中，市场的竞争断了你的致富之路，天灾人祸让你损失惨重，诸如此类明知道留也留不住的东西，又何必固执地要去得到呢？失去就有失去的道理，我们只需要用一颗平淡的心来面对，让生命变得豁达和从容。

生活中我们常说一句话："旧的不去新的不来。"也许此时的你失去了一份凄美的爱情，失去了一次高升的机会，又或许丢失了一笔钱财……总之，不管是哪一种情况，伤心和难过都是毫无意义的。与其为失去的工作伤心，不如振奋精神去找一份更好的；与其为与恋人说分手而痛不欲生，不如花点心思疗养自己的伤口然后寻找新的爱情；与其为丢失的钱财而心疼不已，不如考虑如何让自己赚更多的钱。要知道，历史不会为任何人停留或改写，既然已经成了事实，最好坦然地接受它。

生活中并不是人人都能理智地面对失去，人们之所以对"失去"不能释怀，也许正是验证了那一句话：失去了才知道珍惜。拥有的时候不觉得好，等到失去才猛然发现，原来失去的东西是一件稀世珍宝。于是一直沉浸在回忆里，懊恼不已，更无心进取。而一个真正懂得生活的人，不会去计较一时的得失，他们会在一次次的彷徨失意中重新站起来，不断修养自己的身心。只有这样的人，才能品尝到成功的喜悦，成为生活的强者。

失去的就让它过去，也许有的东西本不属于你，失去了是还给社会一个公道，说不定对自己也是一种解脱。如果太过留恋，也许你将失去的更多。雪花飘飘很美，可是它终究要化为一无所有；百花争宠很美，可是它终究要枯萎凋谢；傍晚的夕阳很美，可是它终究要西下。这些失去是必然的，你能留的住吗？既然人人都无法抗拒，就该顺其自然走下去，又何必为此伤神呢？

失便是得，何必伤神

有一天，一个女子在公园独自哭泣，于是便有个人上前问她："小姐，你怎么了？为什么哭得这么伤心？"这个女子说道："我男朋友和我分手了，我真的很难过，想不通到底为什么，我对他那么好，他还是要离开？"不料，这个人听了却哈哈大笑，说："你真笨！"这下子，这个女子就火了，说："你这个人怎么这样？我失恋已经很伤心了，你不安慰我也就算了，反而耻笑我？"这个人回答说："傻姑娘呀！这根本就用不着难过，真正难过的应该是他！因为你失去的，只不过是一个根本不爱你的人，而他失去的却是一个爱他的人。"

是的，既然已经分手，就不要再做无谓的伤心了。古人云：强扭的瓜不甜！失恋固然让人有一种揪心揪肺的痛苦，但感情毕竟是两个人的事情，一个人如何能强求得来？既然他选择离开肯定有离开的理由，也许他的离开能让你找到属于自己真正的幸福。有时候也许因为你的放弃反而得到了，鱼与熊掌不可兼得，要做出怎样的选择，权利还是掌握在自己的手中。人不能总是生活在过去的阴影中，应该调节好自己的心态，相信梦醒后明天一切都会好的！

除了感情之外，任何事都是这样。时间、空间甚至金钱，我们仅仅是

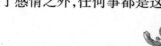

临时占有,到最后终将失去,谁都无法避免。与其对着已经失去了的伤心,不如看看自己还拥有什么,即使这些也终将失去,但毕竟现在我们还可以临时支配。当我们离开这个世界的时候,同样也不会带走什么,关键是你给这个世界留下了什么,而不是你曾经拥有过什么。

命运是无法改变的,但是我们可以改变的是自己的态度。生活给予每个人成功的机会是同等的,之所以收获不同,只是因为人们的心态不同罢了。有个行人挑着一个扁担,扁担上挂着一个茶壶,突然茶壶坠在地上碎了,可是他头也不回地继续朝前走。路人见了忙喊他:"喂!你的茶壶掉在地上了!"谁知这个人淡淡地回答说:"我知道,既然已经碎了,回头看又有何用?"

茶壶虽小,可是却显示出了一个人高贵的心态,对于过去的事情我们只能缅怀和追忆,再多的伤感都是无济于事的。如果你一味的浪费时间去为无法改变的事实担忧,不但可能毁了自己的生活,甚至会毁掉自己的精神。人生就是一直在不停地得到和失去,只要自己已经尽过最大的努力,即使失去了也没有什么可遗憾的,自己问心无愧就好。

10. 逃出焦虑的泥潭

现代社会到处充斥着竞争,"焦虑"这个字眼频繁走入了人们的日常生活,如"考试焦虑症"、"生存焦虑症"、"社交恐怖症"等。

日常生活中,焦虑在每个人身上都有可能发生,这是人们对于可能造成心理冲突或挫折的某种特殊事物或情境产生反应时的一种状态,同时带有某种不愉快的情绪体验。这些事物或情境包括一些即将来临的可能造成危险或灾难、或需付出特殊努力加以应付的东西。如果对此无法预计其结果,不能采取有效措施加以防止或予以解决,这时心理的紧张和期待就会促发焦虑反应。如果个体经常而过度的处于焦虑状态下,就会造成神经症性的焦虑症。

青少年正处于身心迅速发展时期，随着第二性征的出现，青少年对自己在体态、生理和心理等方面的变化，会产生一种神秘感，甚至不知所措。诸如女孩由于乳房发育而不敢挺胸，月经初潮而紧张不安；男孩出现性冲动、遗精、手淫后的追悔自责等，这些都将对青少年的心理、情绪及行为带来很大影响。而且青少年往往会由于好奇和不理解而导致恐惧、紧张、羞涩、孤独、自卑和烦恼，还可能伴有头晕头痛、失眠多梦、眩晕乏力、口干厌食、心慌气促、神经过敏、情绪不稳、体重下降和焦虑不安等症状。由于自身生理心理失衡引起的情绪困扰和不安，以及各种环境刺激因素导致的精神压力和负担都有可能引发各种异常心态和行为，特别是焦虑心态和焦虑行为。

你有这些焦虑吗

焦虑是由于过分紧张引起的一种心理状态，在不同条件的刺激下，青少年学生会产生各种不同的焦虑。具体表现：第一，学习焦虑。即由学习活动引起的焦虑。有关调查表明，"学习和考试焦虑"是青少年的心理健康方面存在的主要问题。第二，生理焦虑。即因自身生理发展不适应而引起的焦虑。如对"月经"、"遗精"、"手淫"及其他第二性征出现而产生恐惧、悔恨、羞耻感、罪恶感等。第三，心理发展焦虑。即由于自我意识迅速发展，"成人感"增强，却未获得他人应有的承认或尊重，对社会地位欲求不满而产生的焦虑。第四，生活焦虑。即由于不能适应生活环境和条件地变化而引起的焦虑。如有的赴外求学不适应当地居住环境、饮食条件、生活习惯等；有的缺乏独立生活和适应社会的能力等。第五，人际关系焦虑。即因无法适应各种人际关系而引起的焦虑。

以上不同的五种焦虑表现，如果它的存在是短暂的、轻度的，则不会对青少年的身心健康产生较大影响。但如果是持续的、较大强度的，则会损害青少年健康的人格形成与发展，造成不良后果。

那么，是什么原因促成了青少年的精神焦虑呢？

（1）家庭的压力。现代社会竞争激烈，家长都希望自己的孩子能够成为有用的人，"望子成龙，望女成凤"是合乎情理的，家长期望孩子能有较高的社会地位和收入，能"出人头地"，因此形成了过高的期望值。他们宁肯自己省吃俭用，也要尽力满足孩子的物质要求，与此同时，不少父母并未把自己与子女的关系放在平等的位置来看待，习惯于选择一种居高临下的姿态来命令子女，俨然将之当作自己的私有财产。凭着一厢情愿的"为了孩子好"的心理，很少顾忌孩子的内心感受。尤其对于孩子学习成绩的要求，易于表现出几近苛刻的态度。孩子的课余时间不仅被家长安排得满满当当，而且一旦孩子考试成绩稍不理想，即遭致家长"疾风暴雨"或"凄风冷雨"式的回应。这种过分的功利性教育必然会造成孩子的情绪高度紧张、焦虑。

（2）过重的学习负担。青少年学习负担过重也是导致焦虑产生的重要原因之一，突出表现在，学习要求过高、作业量太大、考试太频繁。这就形成一部分人因为无法完成学习任务而形成学习负担。学校为了转变这些"学习差生"，提高他们的学习成绩，就不断地加大学习量，作业越来越多，使学习成绩不理想的学生整天陷在作业堆里。频繁的练习和考试不仅使学生产生厌烦心理，而且逐步产生了恐惧心理，每天放学时学生怕老师布置作业，早上到校怕老师检查作业，学生见到作业和考试会感到恐惧不安，心理极度紧张。

（3）不良人际关系。不良的社会关系常使人感到飘零、失落、不被重视、失去爱，恐惧受人排拒、恐惧屈辱等，这些不良情绪会导致焦虑的产生。

当青少年产生焦虑心理时，往往会对生活产生消极态度。因此，应对焦虑是当今青少年应重视的问题。

调适自己的焦虑心理

焦虑并不可怕，只要对自己有正确的认识，学会自我调节的方法，就会避免、减轻和消除焦虑的情况。现介绍几种自我调节方法。

（1）树立自信心。自信是治疗焦虑的一个重要手段。当青少年产生焦虑心理时，应暗示自己树立自信，正确认识自己，相信自己有处理突发事件和完成各种工作的能力。通过暗示，青少年每多一点自信，焦虑程度就会降低一些，同时又反过来使自己变得更自信，这个良性循环将帮助青少年逃出焦虑的泥潭。

（2）找人倾谈。每个人总会有一些难以解决的问题和烦恼，若不能适当地处理这些问题和烦恼，焦虑就会出现并累积。基于自尊，很多青少年会羞于向别人提及自己的问题和烦恼。其实找人倾谈也有很多好处。由于每人各有专长，你认为难于处理的事，在他人眼中可能十分轻易。再说，你将心中的烦恼向别人倾谈后，不愉快的情绪亦会随之宣泄，压力和焦虑也会因此而得到舒缓。

（3）放松意念。经常进行放松训练，可以消除紧张心态，有助于克服焦虑。意念放松的做法是：静下心来，排除杂念，闭上眼睛，调整呼吸。可以通过默默地数数、想象蓝蓝的天空等帮助集中注意力，使自己心静神宁，达到消除紧张、放松心态的效果。

青春期焦虑症会严重危害青少年的身心健康，长期处于焦虑状态，还会诱发神经衰弱症，因此，必须及时予以合理治疗，使其极早地走出困境。

请记住，相信自己，战胜自己，焦虑不再有！

11. 笑对生活的挫折

挫折与失败会伴随着人们的成长，但它又是人生中的一笔财富，它能使人清醒，催人奋进。在挫折与失败面前，悲观的人年垄的是死的迫近，表现出的是暴怒、恐慌、悲哀、沮丧、退缩等，而乐观的人看到的是生的转机，他们善于把不利的条件转化为有利条件，从而摆脱失败，走向成功。青少年朋友，面对人生中的挫折与失败，应释放自己的心灵，使自己轻松走出心灵深处的低谷。

有人曾说过："苦难是坚强者磨练意志的磨刀石，也是懦弱者自甘堕落的滑梯。"的确，对于自信的人来说，挫折能够激发他们奋发向上的斗志和豪情，越是经历大的挫折，越是能够获得更多的力量。而缺乏自信和勇敢精神的人则恰恰相反，这些人一遇到挫折就自甘沉沦，不思进取，把原有的一腔抱负深深地压在身体的某个角落。因此，当挫折来临时，我们应该笑对挫折，不要轻易地被它打倒，一定要做生活的强者。

每个人心中都会有很多梦想，每个人也都曾对自己的人生有过很美好地规划，然而人生在世，谁都不可能一辈子顺风顺水，各种各样的"挫折"总是会出其不意地出现在我们面前。它们打破了美妙的梦幻，打破了热烈的追求。因此，挫折是非常不受欢迎的，尤其是对于青少年来讲。但无数事实告诉人们，不管多么不情愿，挫折都会终生伴随你我，挫折也是一个人迈向成功的征途中所必须认真对待的一个基本课题。

一般来说，挫折会遭到大家的埋怨、诅咒，甚至痛恨，因为是挫折让近在咫尺的成功变得支离破碎，是挫折让触手可得的美梦顷刻烟消云散。但是，在你埋怨、诅咒和痛恨挫折的同时，你是否想过该如何来战胜挫折呢？不要以为挫折坚不可摧，其实这个世界根本不存在战胜不了的挫折，只要有足够的信心和斗志，再大的困难都会变得不值得一提。青少年就应该学会创新思维，只要能以积极乐观的态度来对待挫折，就能够引发出潜藏在体内多时的力量，且发挥出不可思议的作用。

挫折，让人生更加有意义

谁都希望自己的生活能够多一些快乐，少一些痛苦，可是命运却偏偏爱和人类开玩笑，上帝总是在不断地捉弄人、折磨人，消磨人们的积极性。但挫折并不是一无是处的，相反，如果人们都能够打破旧的思维方法，从另外一个全新角度来看待挫折，就会发现原来适度的挫折也具有一定的积极意义。

有个小男孩，在草地上玩耍时发现了一只蛹，他很高兴地把它带回了家，想观察一下蝴蝶究竟是怎么出世的。几天之后，蛹上出现了一个小裂缝，小男孩看到里面的蝴蝶痛苦地挣扎了很长时间，但是却无论如何都出来了，看上去像是被什么东西给卡住了。小男孩实在不忍心看到蝴蝶痛苦的样子，便决定帮它出来。于是，他找来了一把剪刀，把蛹壳剪开，于是蝴蝶顺利地出来了。可是令男孩始料不及的是，蝴蝶才出来没多久就死了，这到底是怎么回事呢？原来，每个蝴蝶在出世的时候都必需要经过痛苦地挣扎，这只蝴蝶由于没有承受它原本应该承受的痛苦，以至于出壳后身体臃肿，翅膀干瘪，根本就无法像其他蝴蝶一样自由自在地飞，自然它的快乐也随着它的死亡永远消失了。

蝴蝶没有经过磨练而最终夭折，那么，人是不是也是一样，不经历挫折就容易"夭折"呢？其实道理是一样的，一个人活在世上不容易，他必须要有能够经受挫折的能力，这是一种必要的磨练，也是一个人成长必经的过程。能够经受住挫折的人，哪怕是遇到了惊涛骇浪，也能够从容不迫地扬帆前进。青少年一定要敢于扩大自己的思维，善于把不利的条件转化为有利的条件，这样才能更快地摆脱失败，走向辉煌的成功。

笑看挫折，做生活的强者

挫折出现时不要轻言放弃，也许再往前走一步路，也许再坚持一分钟，你就会看到成功的大门展现在面前。正所谓："穷且益坚，不坠青云之志。"在同挫折的叫板与对垒中，能够笑对挫折的人会变得越来越强大，挫折则相对地显得渺小。

有这样一个不幸的男孩儿，在年仅七岁那年，不幸地患上了一种叫做"先天性进行性肌营养不良"的罕见疾病，这种病的主要症状是四肢无力。据医学专家介绍，同类患者的最长生命记录仅为 18 岁。知道了这一切，男孩并没有失去生活的信心，他不顾自己身体的虚弱，不顾生命已经进入倒计时，和父亲一起踏上了"感恩之旅"。因为之前当男孩的病在社会上流传开时，许多好心人都向他伸出了援助之手，于是从 2003 年开始，男孩和他的父亲决定在全国寻访素未谋面的恩人。父亲用一辆三轮摩托车带他走过了 82 个城市，共行程 13000 多公里，向几十位当年曾资助过他的好心人当面道了谢，在每一片土地上几乎都留下过他们的脚印。男孩说道："向每一位好心人说句谢谢，给他们送一束鲜花，这是我最大的心愿。"这个心愿也将一直伴随着他走下去，直到生命的尽头，他就是"感动中国"的风云人物之一——黄舸。

恐怕很多常人都难以想象，这样一个每天都在和死神赛跑的孩子，面对命运的曲折不仅没有怨言，没有诅咒，反而笑着给人们光明和希望。相比较之下，那些生活在无忧无虑中的青少年，一遇到点小困难就轻言放弃，情何以堪？

"不幸是天才的进身之阶，是信徒的洗礼之水，是能人的无价之宝，是弱者的无底之渊。"法国大文豪巴尔扎克如是说。是的，"挫折"就像是一所没有人愿意上的大学，但只要是从那里毕业的，都是生活的强者。暴风雨后会出现彩虹，黑夜之后必定有黎明，只要敢于正视挫折，笑对挫折，最终一定能够踏上成功之路。

12. 灾难是上帝的恩赐

一直以来，人们欣赏无所畏惧的英雄，歌颂征战沙场的勇士。面对灾难，有些人是坦然面对、倍加珍惜，把灾难视为人生路上不懈动力。勇敢地接受上帝的微笑，因为是成功路上上帝给我们的恩赐。灾难是人生旅途上一座七彩桥，无论有多少沟沟坎坎，有了这座桥，你便可以顺利地跨越，步入理想的自由王国，实现人生的价值和辉煌。

对于青少年来说，能够正确面对灾难就显得尤为重要。灾难也是人生旅途上的一块巨石，利用它，你可在砥砺精神的刀锋，开掘生命的金矿，从自信、乐观、勇敢、诚实、坚韧之中找到人生的方向。

灾难越勇，找到生命支点

人生中遇到灾难就像大自然中的刮风下雨，谁都无法避免。有的人，被风雨击倒了，被灾难征服了，被困难吓倒了，他的人生从此就变得灰暗了。而有的人，接受了风雨的洗礼，经历了灾难的磨练，战败了困难的挑战，他的人生从此便一片光明。

世界上最伟大的音乐家——贝多芬一生创作出大量流传千古的交响乐，一直被后人称为"交响乐之王"。但贝多芬的一生充满了痛苦：父亲的酗酒和母亲的早逝，使他从小失去了童年的幸福。当别人家的孩子还在无忧无虑地享受欢乐和爱抚的时候，他却必须得像大人一样承担起整个家庭的重任，并且成功地维持了这个差点陷入破灭的家庭。

也许是屋漏偏逢连夜雨，也许是祸不单行的缘故。正处于青春年华的贝多芬，他失意孤独；也正当他步入创造力鼎盛的中年时，他又患耳疾，双耳失聪。对于一个音乐家来说，还有比突然耳聋的打击更沉重的吗？贝多芬一生中几次濒于崩溃的境地，他在三十二岁时就写下了令人心碎的遗嘱。但他顽强地战胜了命运的打击，他大声呼喊："我要扼住命运的咽喉，它决不能把我完全摧倒。"即便是在困难重重最痛苦的时候，他还是凭着自己的坚强斗志完成了清明恬静但又激昂振奋的《第二交响曲》。

贝多芬一生历经无数挫折磨难，但是，每一次痛苦和哀伤在经过他的搏击和战斗后，都化为欢乐的音符，谱写成壮丽的乐章。一个饱经沧桑和不幸的人，却终生讴歌欢乐，鼓舞人们勇敢向上，这是何等超人的勇气，何等坚毅的精神，何等伟大的人格！在贝多芬的日记里，永远记着一句话，那就是："谁想收获欢乐，那就得播种眼泪。"的确，贝多芬的一生，本身就是一部同世界、同命运、同自己的灵魂进行不懈斗争的雄浑宏伟的交响曲。

其实贝多芬的故事无不在向我们说着这样一个道理：这个世界，确实存在太多问题，也许有太多不如意，但是生活还是要继续。无论面临什么样的灾难，都可以看作是上帝给予的恩赐，目的是要锻炼自己。古人云：天将降大任于斯人也，必先苦其心志。心里充满阳光，世界也会充满阳光。也就是说每个人的一生中都会有困难和挫折；唯有抱着积极的态度，才能战胜它。

在遭遇挫折、面对困难，尤其是青少年，没有必要停滞不前、意志消沉。如同一个突遇风雨的登山者，对于风雨，逃避它，你只有被卷入洪流；迎向它，你却能获得生存。经历过挫折，生命也就会平添了一份色彩，多一份磨练，就多一段乐章。多一份精神食粮和财富。历经灾难的人，更知道怎样去珍惜生活，更明白生活蕴含的哲理。因为灾难是一道迷人的风景，永远装点奋发的人生。

每个人在生活当中，都会不可避免地遇到一些挫折困难。对此，作为青少年绝不能低头，而应以一种积极的心态，理智、客观地分析挫折产生的原因，并采取恰当的方法来克服挫折。感谢灾难，生活因此而丰富，人生的体验因此而深刻，生命也因此而更趋于完美。不经历风雨怎么见彩虹。其实没有人能够随随便便成功，只要我们以积极健康的心态去面对困难和挫折，就可以做到"不在失败中倒下，而在灾难中奋起"。没有登不上的山峰，也没有趟不过去的河流。

灾难是人生的财富

逆境与顺境，从来就是人生之旅中的常客，谁也不可能一帆风顺地走到生命的尽头。害怕失败，失败就会无处不在；挑战逆境，成功之门就会随时为你打开。没有经历苦难的考验，人永远品味不出幸福生活的意义；只有经过灾难的锤炼，人才会珍惜得到的收获。所以勇敢者才能在不断的失败中获得经验，挑战者才能最终走出阴影和黑暗，拥抱光明的未来。

灾难是指个体需要的满足受到限制或阻断而引发的一种消极心理状态，即俗话所说的"碰钉子"。一般而言，易受挫折的青少年往往表现出以下特点：追求的目标不切实际，对追求目标过程中可能遇到的困难缺乏心理准备，缺乏应对困难的能力，夸大困难、缺乏自信等。

几年前，一个农村家庭的他遭受重大变故：父亲突发间歇性精神病，饱受伤痛的母亲不辞而别，家中还有一个年幼的弟弟和父亲病后捡到的遗弃女婴需要照顾……这个家庭的重担压在当时只有12岁的长子——洪战辉身上。十年如一日，洪战辉一边读书一边克服难以想象的困难，照看时常发病的父亲，抚养捡到的妹妹……

面对这样的变故，他承受了常人难以承受的痛苦，受住了常人难以想象的重担。父亲，妹妹，生活的重担压在他稚嫩的肩膀上，唯一能做的只是坚持，再坚持！在日记中，他这样写到："我会坚持，我觉得每个人都有责任，不但对自己、对家庭，还有对社会。只是默默地走，不愿放弃。"一份责任让他支撑住，一种永不言弃的心态，让他逐渐成熟，几度面临辍学，他没有放弃，而是凭着自己的一双手，艰难地维持着妹妹的生活、父亲的疾病、自己的学业，这看似没有可能的事情被他在汗与血与泪中见证着。

洪占辉曾说过："漫漫人生路总会与挫折碰面，但我明白，鱼儿要游弋于大海,接受惊涛骇浪的洗礼,才会有鱼跃龙门的美丽传说;雄鹰要翱翔于蓝天,接受风刀雪剑的磨砺,才能拥有叱咤风云的豪迈。"

如此艰难的生活让他学会了自立、自强,以至于在人们向他伸出援助之手时,他选择了拒绝,"不接受捐款,是因为我觉得一个人自立、自强才是最重要的! 苦难和痛苦的经历并不是我接受一切捐助的资本。一个人通过自己的奋斗改变自己劣势的现状才是最重要的。"他是这么说的,也是这么做的,虽然在最最困难的时候想过退缩,但最终还是决定了要自强不息,用自己的力量来证明自己的价值。因为他明白只有经过地狱的炼造,才能造出天堂的美好。只有流血的手指,才能弹出世间的绝唱。所以说挫折是上帝的恩赐。洪占辉很好的向我们证明了这一切。

"自古雄才多磨难",面对灾难,青少年应当拿出勇气和耐心,并对自己说:"风雨中这点痛算什么。"主动出击,迎接挑战,直面灾难,笑对灾难,把灾难当作前进中的踏脚石。然后拥抱胜利。因为灾难是福,注定在我们的岁月中搏击风浪、经历考验奠定更加坚固的基础,谱写出美好的人生之歌。

一个人应该知道自己能够做什么,应该做什么,必须做什么,更应该知道不应该做什么,不要做什么。因而,保持清醒的头脑远比聪明的脑袋更为重要。一个人如果能在坚持与放弃间保持一份清醒,那么成功就在前方的不远处等待着你,微笑着向你招手……

13. 爱护自己的宝贵生命

近年来,由于受到不良情绪影响而选择自杀的青少年屡见不鲜。据媒体报道:2005 年 7 月的一周内,深圳某一中学的两名学生跳楼自杀,警方认定自杀者分别有心理障碍及忧郁症,2004 年 10 月,常州一名 16 岁的青少年,因情感问题而自杀。精神病学专家认为应加倍关注青少年的心理健康问题。

压力导致青少年崩溃

据某教育科学研究所对500名青少年心理健康状况及其影响因素的调查研究发现，约有49.6%的青少年存在不同程度的不良心理问题，有10.8%的青少年存在各种明显的心理问题。这些并不只是一个简单的数字，它更是青少年心里的一个魔鬼，它影响了他们心理的健康发展，阻碍了学习，甚至成了人生道路上健康成长的绊脚石。

适当的压力会激发人的潜力，催人奋进。但是，对于青少年来说，压力过大，不仅不利于他们的健康成长，反而会带来许多负面影响。其中之一就是诱发青少年的情绪问题。在调查中发现，青少年的压力除来自于身心发展不平衡外，更多的来自于学校、家庭和社会在学习、就业方面所施加的压力。家庭方面，父母往往望子成龙心切，对孩子要求过高，个别父母甚至为孩子制定了不切实际的奋斗目标，使孩子时时感到实现目标无望，长期处于失败的煎熬中。而社会上对所谓的学习明星、高考状元的追捧，以及商家为了自己的经济利益所进行的各种推波助澜的广告宣传，也让青少年们感到了前所未有的压力。这些压力，对于尚在成长中的青少年来说，不但不能成为他们前进的动力，相反，会成为他们成长的绊脚石，使他们的心灵受到伤害，产生诸多情绪问题。同时，家庭和学校往往注重学生学习和品德而忽略了向他们传授调控情绪、情感的技能技巧，许多青少年在遇到情绪、情感问题时手足无措。

因此，对于青少年来说，对自身情绪问题的模糊认识妨碍了他们正确把握和调控自己，而能够正确地认识和调控自己的情绪往往是防止不良情绪发生的重要前提条件。

马克思说："一种美好的心情，比十付良药更能解除生理上的疲惫和痛苦。"因此，愉快的心情是青少年健康成长的重要保证。

众所周知，青少年正处于生理迅速发展的重要时期，而其心理发展相对滞后，这种身心发展的不平衡是产生各种心理冲突的根源，而这些冲突又往往是青少年情绪问题产生的主要原因之一。心理学研究也表明，任何情绪的产生主要取决于外部环境、自身的生理变化及其自身对事物的认知状况。由于青少年的心理还不够成熟，因此当他们面临一些冲击时，不可避免地会产生某些不良的情绪，如紧张、焦虑、抑郁等。这些不良情绪对人的身心伤害很大，青少年应该认识消极情绪，消除不良情绪，这将有助于自己的健康成长。

学会调控自己的情绪

情绪、情感是可以把握和控制的，只要我们能够走出固有的守旧的思维模式，从另一方面来看待问题，就一定能保持良好的情绪，改善不良的情绪，拥有健康的自我。青少年正处于青春期，情绪更是丰富多彩，但由于他们往往不懂得如何运用和操控情绪，总是使好情绪离自己远去，坏情绪却如洪水般如影随行。时间一长，生活和学习势必会受到不良的影响，对身体也没有半点好处。所以，情绪需要疏导，需要用理智对其进行调节。

俗话说："笑口常开，青春常在。"愉快，是一种积极的情绪体验。它使人的大脑处于最佳的觉醒状态，使体内各种器官协调活动，能提高脑力劳动和体力劳动的持久力和效率，同时还能激励人们热爱生活的热情，保持开阔的视野。而急躁、忧伤、惊恐、悲痛、愤怒等不良情绪，常常影响人的身心健康。古人早就发现不良情绪对身体的严重伤害，古书上说：过喜伤心，过怒伤肝，过忧伤肺，过思伤脾，过恐伤肾。范进中举后喜疯的场面就是证明。因此，科学地调适不良情绪，对于身心健康有着重要的意义。

科学研究和生活实践都告诉我们：轻松、乐观、愉快的情绪可以使人精力集中，记忆力增强，思维敏捷活跃，学习效果倍增。有人研究过人的情绪与记忆的关系，对不同情绪下学生的记忆效果进行比较后发现：在相同时间内，情绪低落的青少年，忘记了内容的 *1/4*，而心情好的人只忘掉内容的 *1/20*。对于学习任务繁重的青少年来说，身心愉快，是提高学习效率的重要条件。然而，在现实生活中，不开心的事常常是十有八九。也许是不小心犯错而懊悔；也许是违反纪律遭到老师地批评甚至责骂；也许是一时的大意而考试失败；也许是因为小小的误会而不被父母、老师、朋友等最亲近的人理解。总之，孤独、寂寞、焦躁不安的情绪，总是时不时地悄无声息的袭来，复杂的生活会给他们带来很大的心理压力。但不管怎样，只要你能够学会适当地调节一下心情，这些难题便不成为难题。

青少年要想克服脆弱的心理，调节不良的情绪，就需要不断加强自己的心理素质，真正了解自己产生不良情绪的原因，掌握控制和调节情绪的有效方法，以便形成喜怒有常，哀乐有度的良好心理素质。生命的意义在于过程而不是终点，追求内心的快乐和幸福也是如此！在人生的旅途上，每个人都可能碰到坎坷，遭遇失败，但是如果你懂得保持和培养良好的情绪，就会少些忧愁与烦恼，多些开心和快乐。

14. 换个角度，人生便会不同

角度，是一个很奇妙的东西，从这个角度望过去，你也许看到的是一片荒凉，但换个角度你便能看到满地的鲜花。其实，任何事情都具有两面性，如果你执意要去看不好的那面，那么你的人生注定会缺乏色彩。但如果总能保持乐观的心态，你的生命便会多姿多彩。一个成功的人，往往会让自己看到好的一面。

青少年正处于人生中的叛逆时候，此时他们最容易出现忧郁的状态，正所谓"少年不识愁滋味，爱上层楼。爱上层楼，为赋新词强说愁"。其实生活本来就是这样，充满了各种不可预料的惊喜或是哀愁，只要我们能够以一种坦然的心态来面对，任何困难都不会成为制造"坏情绪"的根源。

换个角度创造精彩人生

强者看待事物，不看消极的一面，只取积极的一面。假如摔了一跤，把手摔出血了，他会想：多亏没把胳膊摔断；如果遭遇车祸，撞折了一条腿，他会想：大难不死必有后福。总之，他们会把每一天都当成新生命的诞生而充满希望，倍加珍惜。

有这么两位老太太，她们都已经年届70，一位总是认为：自己活到这把年纪，已经算是到了人生中的尽头，于是便开始为自己料理后事。而另一位却不这样想，她认为一个人能不能做什么事情，不完全取决于年龄的大小，还会受到自己想法的影响。于是，她做出了一个令人震惊的决定：开始学习登山。

所有的人都认为这是一个不明智的决定，可是老太太已经坚定了自己的想法，在众人质疑的目光中，她开始了自己的登山之旅。终于，当她在95岁高龄的时候，终于登上了日本最有名的富士山，一举打破了攀登此山年龄最高的纪录。她，就是著名的胡达·克鲁斯老太太。

中国有句古话叫"人到七十古来稀"，而胡达·克鲁斯老太太却在她70岁的时候开始学习爬山，实在不能不说是一个奇迹。成功人士的首要标志，是在于他有什么样的心态，胡达·克鲁斯老太太的壮举正验证了这一点。当然，也许会有人说，这只是一个奇迹而已。但是不要忘了，奇迹也是人们创造出来的，如果老太太不去试一试，又怎么知道能不能成功呢？而这一切，都归功于她那不服输的心态，这种心态却正是现在的青少年十分缺乏的。可能正是因为如此，这个世界上才会少了许多奇迹，而当奇迹出现时人们又会如此惊叹。

一位伟人曾说过："要么你去驾驭生命，要么生命驾驭你，你的心态决定了谁是坐骑，谁是骑师。"人生在世，要学会做生活的主人，而不是奴隶。即使挫折挡在了我们面前，只要能以一个良好的心态去面对，就可以把生命的舞台演绎得更加精彩。

角度不同，命运不同

美国学者拿破仑·希尔对于心态说过一句话："人与人之间只有很小的差异，但是这种很小的差异却造成了巨大的差异！很小的差异就是所具备的心态是积极的还是消极的，巨大的差异就是成功和失败。"换种心态看问题，不仅可以为自己获得更大的发展空间，还可以以一种更坚强的姿态去拓展人生新的领域。

从前，有一位秀才进京赶考，这已经是他第二次参加考试了。和上次一样，他住在了以前住过的那个小店里。在考试前的一天，秀才连续做了两个梦，第一梦是梦见自己在墙上种高粱，第二个梦是梦见自己站在雨中，头上戴了一个斗笠，手中还撑了一把伞。秀才醒来后，总觉得这两个梦似乎意味着什么，于是赶紧去找算命先生为自己解梦。算命的一听，大呼道："你还是赶紧回家吧！你想想，在高墙上中高粱，那不是白费力气吗？在雨中既戴斗笠又打雨伞，岂不是多此一举吗？"

听了算命先生的话，秀才顿时感到心灰意冷，回到店里就开始收拾自己的包袱。这家店的老板看到感到很奇怪，便问道："明天就要考试了，你怎么今天要回去呀？"秀才对店老板如实说了一番，店老板一听乐了，说道："嗨，这解梦我也会的，我倒觉得你应该留下来。你想想，在高墙上种高粱不是意味着会高种（中）吗？戴斗笠打伞不是说明你对这次考试是有备无患吗？"秀才听了，觉得店老板的话也有道理，于是便又打消了回家的念头。结果，考试结果出来后，秀才居然中了个榜眼。

在这个故事中，算命先生和店老板的话听起来都颇有道理，但对秀才却产生了截然不同的影响，如果秀才执意要回家，那么他可能就会后悔一生了。固然，秀才中了榜眼是因为自己有实力，但如果不是心态的变化，那么他也不会走入考场，所以说心态决定着一个人的前途甚至命运。

看事情的心态和角度不同，就会得到迥然相异的结果。悲观的人想到自己只剩下百万元而担忧，乐观的人为自己还剩下一万元而庆幸。面对金黄的晚霞映红半边天的情景，有人叹息："夕阳无限好，只是近黄昏。"也有人想到的是："莫道桑榆晚，为霞尚满天。"还有人认为："但得夕阳无限好，何须惆怅近黄昏。"面对半杯饮料，有人遗憾地说："可惜只有半杯了。"有人庆幸地说："尚好，还有半杯可饮。"不同的人对同一件事有不同的心态，不同的心态必然有不同的结果。

青少年朋友正处在家庭与社会的边缘，他们还没有经历过大风大浪，遇到一些不称心、不如意的事情时，难免会出现气馁与妥协。可是当走过之后再回头一看，就会在刹那间明白：谁的人生都不会太过圆满，在生活面前多笑一笑，生活就会给你许多快乐。

15. 除了眼泪，还有阳光和蓝天

红橙黄绿青蓝紫，七彩人生，各色不同；酸甜苦辣咸，五种味道，各有所好；喜怒哀乐悲恐惊，七种情感，品之不尽。人生亦是如此。当你怒不可言时，一定要学会缓和自己的怨气，用平和的心态去面对。因为除了眼泪，还有阳光和蓝天，用你的微笑去面对，你的微笑，使人发现其实生活别有一番滋味。

微笑多彩的人生有着多彩的微笑，老人放着余香的晚菊；孩子的微笑，使人想起滚动在花骨朵上晶莹的露珠。人生的微笑是捡拾不尽的，像洒落在金色沙堆上斑斓的贝壳，像镶嵌在清幽碧空璀璨的星星……

生气与微笑的距离就在一念之间

生气和微笑对人来说都是情感的流露，但是它们对一个人来说有着非常不同的意义，它们也是人们对一个人一件事所抱的态度，然而它们的距离其实只是一念之隔。

嘲笑我们，讥讽我们，瞧不起我们的人，虽然让我们很愤怒，很生气，但是，转个念想想，他们不正是我们一生中难得的贵人吗？要不是他们的嘲笑、讥讽，我们可能还在原地踏步、虚度光阴……把你的怨气变成和气，以一副云淡风轻的模样应对所有的刁难，微微扬起你的嘴角，为我们烦恼的心情开辟出另一番安详。

佛语有言，一念成佛，一念成魔。佛与魔，不过一念之间。要想成为一个不会时刻生气的人，你就要审视自己的念头，看清楚在你心中升起的这个念头是正面思考还是负面思考。比如你在大街上碰到你的上司，当你朝他微笑，冲他打招呼，而他却视而不见，匆匆走过去。正面思考是：上司没有看见我，没有听见我和他打招呼。负面的思考是心中七上八下，猜测上司不理睬自己的原因。如："他不愿在大街上和我说话。""最近我做了什么事情得罪了他"等等。

其实你足可以对自己微笑一下，那时你的思想就会朝好的方面想，负面的想法就会自动消失。而根据研究，正面思考可以提升记忆力与解决问题的能力，因而创造更多成功，而引发更多正面的思考，形成一个快乐成功的正循环，这就是微笑的魔力。负面思考会造成记忆力减退、解决问题的能力降低，引发更多负面思考，造成更多失败的结果，而形成忧郁的情形。

生气和快乐有时候只为了一句话，一个态度，一个微笑……微笑着生气，以一副云淡风轻的模样应对所有的刁难，微笑不仅可以带给别人真诚的关怀和善意，又可以让自己生活在愉悦温暖的人群中。

生活中不可缺少微笑，缤纷的生活更需缤纷的微笑。人生有得亦有失。得志时，微微一笑，不忘形，便有了一种深沉的内涵；失意时，微微一笑，不气馁，便多了一份大度洒脱。道路平坦又曲折。平坦时微微一笑，继续赶路，不奢望永远都是一帆风顺；坎坷时，微微一笑，奋起直追，不相信人生尽是迈不过的坎。收获爱情时，微微一笑，回味一下有情人终成眷属的个中滋味；棒打鸳鸯时，微微一笑，进行一次天涯何处无芳草的"心理按摩"；与人有隔阂时，微微一笑，一笑泯恩仇；被人误解时，则微微一笑天地宽……

在生气与微笑之间，请选择微笑。如果生气可以解决问题的话，那就没必要生气了；如果生气不可以解决问题的话，那就更没有必要生气了；别因为一时之气，而说让朋友受伤的话，做伤害朋友的事，这样既伤害朋友，也伤害自己，正所谓得不偿失。

在纷乱复杂的大千世界中，事物都是瞬息万变的，不可能事事都能够尽美，不可能件件都很顺心，不尽人意的事总会时有发生。人非圣贤，孰能无过？如果你正处在一种愤怒之中，或者是处于一种激动的心情之中，那么你将会做出许多傻事。遇到这种情况，要神智清醒。即使是伪装——也要微笑。

黑夜里，有一个强盗敲开了一家房门，拿着刀准备抢劫。开门的是位妇女，她看见强盗，先是一惊，但马上镇定下来，微笑着说："先生，你是来推销刀的吧，请进来坐一坐吧，我给你倒杯水喝。"强盗被主人的热情和微笑所感化了，于是他放弃了抢劫的念头，并且从那以后改邪归正。

微笑可以创造奇迹。你刚咧开嘴，脑海里立刻浮现出一些愉快的事，所有器官从准备战斗的状态中获得解决。感情是很有感染力的，我们一定要相信，愤怒会引来愤怒，而微笑则会回报微笑。

用微笑对待生气，你开心所以我快乐

上辈子千百次的回眸，才换来今生的擦肩而过。所以你我他之间的相遇，不是用来生气的。所以，当你要与别人吵架的时候，一定要记得你们的相遇，不是用来生气的！还是把微笑常挂在脸上，给自己也给对方，你快乐所以我也快乐。

微笑有不可估量的魅力，不可预测的力量！微笑是豁达在脸上绽放的花朵，是宽容在眼里迸发的深情，既能安慰对方因失误而愧疚的心，还能够让对方对你心存感激，而且能够得到对方的信任和尊重。同时你自己也不会因为发怒而伤害到身体，能够保持自己心态的平和宁静，何乐而不为呢？

曾经有一位非常喜爱兰花的禅师，在平日弘法讲经之余，花费了许多的心思在寺院中栽种了一大片兰花。

有一天禅师心血来潮，要外出云游一段时间，临行前他交代弟子，要好好照顾寺里的兰花，然后拂尘离去。在这段期间，弟子们总是细心照顾兰花。但有一天在浇水时却不小心将兰花架碰倒了，所有的兰花盆都跌碎了，兰花散了满地。弟子们都因此非常恐慌，打算等师父回来后，向师父赔罪领罚。

禅师云游回来，得知此事以后，便召集弟子们，不但没有责怪，反而微笑着说道："我种兰花，一来是希望用来供佛，二来也是为了美化寺庙环境，不是为了生气而种兰花的，所以，大家也不必太自责了。"闻言，弟子们顿时松了一口气。

是微笑还是生气也就取决于人们的心态，如果每天你想的都是新的一天，新的开始，新的人生路，那还会有怨气吗，还会生气吗？

人们常说，生活像一面镜子，你对它微笑与生气都会还之以微笑与生气，也许我们有时候会看到一面晃动的镜子，晃动中看不清自己，

始终只能看到一个颠簸着的人影在忽喜忽悲。于是我们便在烦躁中斜视了别人的镜子，不小心瞄到自己的身影，遥遥地看，客观地看，在对比中迷失自己，没注意距离角度的不同，结果都会大相径庭。

也许在别人眼里，镜子中的我们也是他们眼中最美丽最令人羡慕的那道风景。生活的隐形规则大概就是这样，所以请释然那些悲伤与怨气，我们不是为了生气而读书的，我们不是为了生气而工作的，我们不是为了生气而交朋友的，我们不是为了生气而做夫妻的，我们不是为了生气而生儿育女的；生气只会伤心、伤肝、伤肾又伤肠胃，微微扬起你的嘴角吧！为我们烦恼的心情开辟出另一番安详。生活中，生气是不可避免的，但生活中除了眼泪还有阳光和蓝天。

16. 挫折不是教训，而是经验

巴尔扎克说过："苦难是人生的老师。"徐特立也说过：有困难与挫折未必是件坏事。有人把挫折看成是人生的教训，恨不得自己永远不再遇到它。其实，挫折不仅仅是教训，更是一笔宝贵的财富。德国诗人歌德说："挫折是人类通向真理的桥梁。"我们成长的过程曲折坎坷，总是伴随着辛酸与烦恼。挫折固然会使人受到打击，给人带来损失和痛苦，但挫折也可能给人带来激励，让人警觉、奋起、成熟，把人锻炼得更加坚强。所以，在挫折面前，青少年应学会在总结经验，把挫折当作是新的起点，不要因为惧怕再一次的受伤而放弃了近在咫尺的成功，敢于面对挫折的人是最坚强的。

经历挫折，积累经验

贝多芬一生历经无数挫折磨难，但是，每一次痛苦和哀伤在经过他的搏击和战斗后，都化为欢乐的音符，谱写成壮丽的乐章。

世界上最伟大的音乐家——贝多芬一生创作出大量流传千古的交

177

响乐，一直被后人称为"交响乐之王"。但贝多芬的一生充满了痛苦：父亲的酗酒和母亲的早逝，使他从小失去了童年的幸福。当别人家的孩子还在无忧无虑地享受欢乐和爱抚的时候，他却必须得像大人一样承担起整个家庭的重任，并且成功地维持了这个差点陷入破灭的家庭。

屋漏偏逢连夜雨，正处于青春年华的贝多芬，他失意孤独；正当他步入创造力鼎盛的中年时，他又患耳疾，双耳失聪。对于一个音乐家来说，还有比突然耳聋的打击更沉重的吗？贝多芬一生中几次濒于崩溃的境地，曾写下了令人心碎的遗嘱。但他最终并没有向命运低头，而是"我要扼住命运的咽喉，它决不能把我完全摧倒"。所以，即便是在困难重重、最痛苦的时候，他凭着自己的坚强斗志完成了清明恬静但又激昂奋斗的《第二交响曲》。

在贝多芬的日记里，永远记着一句话，那就是："谁想收获欢乐，那就得播种眼泪。"的确，贝多芬的一生，本身就是一部同世界、同命运、同自己的灵魂进行不懈斗争的雄浑宏伟的交响曲。贝多芬在用他自己的经历向我们叙述着这么一个道理：这个世界，确实存在太多问题，也许有太多不如意，但是生活还是要继续。无论面临什么样的挫折，都可以看作是上帝给予的恩赐，目的是要锻炼自己。唯有抱着积极的态度，才能战胜挫折。

凭借智力去了解人生，固然重要，亲身去体验，更加重要。盐巴的咸味，必须亲尝过才能知道。人生中的苦涩只有自己亲自尝过，才能更好地把握以后的路。作为青少年，在挫折、困难面前，应以一种积极的心态，理智、客观地分析挫折产生的原因，并采取恰当的方法来克服挫折。

经历过挫折，生命也就会平添了一份色彩，多一份磨练，就多一段乐章。多一份精神食粮和财富。历经挫折的人，更知道怎样去珍惜生活，更明白生活蕴含的哲理。生活因挫折而丰富，人生的体验也因挫折而深刻，生命也因此而更趋完美。

挫折是对人生的机会和磨练

日本的松下幸之助说："种子不落在肥土而落在瓦砾中，有生命力的种子决不会悲观和叹气，因为有了阻力才能磨练。"人生在世谁都会遇到挫折，而适度的挫折具有一定的积极意义，它可以帮助人们驱走惰性，激发人的潜能，促使人奋进。

挫折不是教训，而是经验，是人生的一笔宝贵的财富。多少次艰辛地求索，多少次噙泪地跌倒与爬起，都如同花滩上行走，一排排歪歪曲曲的脚印，记录着我们成长的足迹，我们经受了挫折，经历了人生的磨练，我们的双腿将会变得更加有力，人生的足迹从而更加坚实。

1982 年，仅有 27 岁的陈秋贵为了实现自己的人生理想，也为了闯出一番事业，他只身从台湾来到了美国。面对人生地不熟的环境，陈秋贵遇到的第一个难题就是语言不通，由于无法同当地人交流，找工作也变得十分艰难。为了维持生计，他不得不到一家华人搬运公司干一些体力活，工作之余开始努力地学习英语。

一段时间之后，他想到自己有过做铁工的经验，便想重操旧业。于是他和一个朋友商量，结果两人一拍即合，都辞职做起了焊接铁门窗的生意。在他们两人的不断努力下，终于接到了第一笔生意。正在两人高兴之余，另一个问题又出现了：那就是没钱买运送铁门窗的货车。无奈之下，他们只好将铁门窗搬到地铁上，坐地铁去工作。每次，两人都汗流浃背地抬着重重的铁门窗，走进摇晃拥挤的地铁里，更要受到从四周投来的鄙视目光。

之后，陈秋贵又遇到了许多常人难以想象的困难和挫折，但他像前几次那样——从不放弃，并努力地一点点改变现状。经过步履维艰的历程，他们的生意也越做越大了，虽然面对着越来越多的困难和挑战，他凭借着自己的经验，相信未来是美好的。比如，当时，纽约哈林区治安状况很不好，他的工具常被别人偷，让他蒙受了很大的损失，这时，他只说了一句话"只有敢于挑战艰难挫折，人才会变得更强大"。正是凭着这么多年积累的人生经验，他有了自己的公司，而且以出乎人们想象的速度飞快地发展壮大，从此"陈秋贵"这个名字也在纽约人尽皆知。

挫折是一个人走向成功不能缺少的经历，不要用"不可能"来否定自己，更不要害怕挫折，挫折是人生的机会和磨练，只有敢于挑战它，你才能真正地改变自己的命运。青少年应该把陈秋贵身上的这种乐观面对挫折、积累人生经验的精神运用到自己身上，要相信挫折只是暂时的，只要有勇气去面对和战胜它，明天依然一样美好。

挫折对于一个人来说，是一把打向坯料的锤，打掉的应是脆弱的铁屑，铸成的将是锋利的铡刀。对于青少年来说，挫折不仅是一种磨难，更是一种学习和锻炼的好机会，就像那扑鼻的花香一样，只有经历过严寒才能向世人展示它的芬芳。人又何尝不是如此呢？

"自古雄才多磨难"，面对挫折，青少年应当拿出勇气和耐心，主动出击，迎接挑战，直面挫折，笑对挫折，并从中吸取经验，拥抱胜利。因为挫折是一种教训，挫折更是一种经验，注定在我们的岁月中搏击风浪、经历考验奠定更加坚固的基础，谱写美好的人生赞歌。

郭沫若说："一个人总是有些拂逆的遭遇才好，不然是会不知不觉地消沉下去的，人只怕自己倒，别人骂不倒。"先贤说得好，"宝剑锋从磨砺出，梅花香自苦寒来"。人的能力不经过多方面，特别是各种失败和不顺利的磨砺，又怎能完成自我的塑造，尝到成功的滋味呢？这就如同没有摩擦力，我们就没法坐得稳、站得住、走的动了！要成为栋梁之材，显然不会是一帆风顺的。然而，往往就是这种种的不顺利，这些前进中遭遇的逆境，激发了我们永不言败的志气和一往直前的勇气。春笋要破土才能新生，人，必须只有历经磨砺，积累各种经验才能成才。

17. 走出悲观的阴霾

悲观是青少年心理成长的一块绊脚石，是青少年的一个致命缺陷，是通向成功的一大障碍。心理学上指出，悲观是人自觉言行不满而产生的一种不安情绪，它是一种心理上的自我指责、自我的不安全感和对未来害怕的几种心理活动的混合物。它由精神引起，但还会影响到组织器官，引起相关的一些心理及生理疾病，如焦虑、神经衰弱、气喘不接等等。于是人们都教育悲观的人要乐观，要积极，否则的话将会葬送自己的一生。青少年正处在学习知识、走向成熟、人格发展的黄金阶段，如果被悲观心理所控制的话，其未来是不堪设想的。

遮住阳光的悲观心理

生活中有很多的青少年都存在着悲观的心理。一般表现为发生一件事后做自我检查,总结不足,找出不足的原因,从而在以后的行动中作积极的调整。就这一点来说,人人都会有悲观,它是一个人进步的催化剂。但极端的悲观却是心理不健康的表现,会严重影响到青少年的生活。

德国心理学家朗恩斯曾说过："过多的积极想法容易给人误导，让人在仍需奋斗的时候，却认为已经胜券在握。"而事实上，悲观的青少年，眼光总是专注在不可能做到的事情上，到最后他们只看到了什么是没有可能的。但乐观者所想的都是可能做到的事情，由于把注意力集中在可能做到的事情上，所以往往能够心想事成。

有一对性格迥异的双胞胎，哥哥是悲观主义者，弟弟则是个乐天派。他们升入中学那年的圣诞节前夕，父亲想对自己的双胞胎儿子进行一次"性格改造"，就为他们准备了不同的礼物：给哥哥的礼物是一辆崭新的自行车，给弟弟的礼物则是满满的一盒马粪。哥哥拆开那个巨大的盒子，竟然哭了起来："你们知道我不会骑自行车！而且外面还下着这么大的雪!"父亲叹了口气,却发现乐观的弟弟正兴高采烈地在马粪里掏着什么。"告诉你,爸爸。"他得意洋洋地向父亲宣称,"我想马粪堆里一定还藏着一匹小马呢!"悲观者与乐观者的根本区别不在环境,而在于思维方式和人生态度的不同。

其实在现实生活中,经常认为自己"反正就只能这样了"的青少年往往能取得优异的成绩。因为在这种"破罐子破摔"的精神之后,隐藏着另一种想法就是:"那再试一次也没什么大不了的。"然而,积极的心态也好,消极的心态也罢,青少年享受青春美好,最后成功的关键还是在于如何找到信念和激励自己的方法,然后才能坚持不懈,努力奋斗,取得成功。因此,有悲观心理的青少年,不要再悲观,要知道悲观的性格与心理是黑暗,会一步步遮住你的阳光生活。记住:在这个世界上,人所处的绝境,在很多情况下,都不是生存的绝境,而是一种精神的绝境;只要你不在精神上垮下来,外界的一切都不能把你击倒。

如何走出悲观的阴霾

悲观心理是青少年中一种严重的不健康心理,对他们身心的危害极大。必须进行适当调适,走出情绪低谷,培养乐观的人生态度。那么如何进行调适呢?

(1)努力让自己拥有积极、乐观的心态。越担惊受怕就越遭灾祸。因此,一定要懂得积极态度所带来的力量,要坚信希望和乐观能引导你走向胜利。即使处境危难也要寻找积极因素,这样,你就不会放弃争取微小胜利转机的努力。你越乐观,你克服困难的勇气就越会倍增。并且培养乐观、开朗、豁达、洒脱的性格对自己也是终身有益的。乐观是希望之花,能赐给人以力量。大凡乐观的人常常自我感觉良好,面对失败有点可贵的"阿Q精神"。乐观的人还会时常笑容满面。如果已经忘记了自己的笑容,那请照一照镜子,学着再去温习一下微笑的感觉吧。要知道,悲观不是天生的。像人类的其他态度一样,悲观不但可以减轻,而且通过努力还能转变成一种新的态度,这就是乐观。

（2）转移注意力。悲观的人当遇到情绪扭转不过来的时候,不妨暂时回避一下。及时打破静态体验,比如欣赏欢快轻松的曲子,让音乐的旋律在内心激发起新的积极情感体验,从而转换原来悲观消极的感受。同样,选择性地看场电影（指内容要有所选择）,散散步,和同学打球,和朋友交流谈心等等,都能够把人的情绪带到另外一种状态。这个时候,不要总是将目光盯着消极面,自怨自艾或怨天尤人。

（3）以幽默的态度来接受现实中的失败。只要能以幽默的态度来接受现实中的失败,既不要被逆境困扰,也不要幻想出现奇迹,脚踏实地,坚持不懈,就会发现自己到处都有一些小的成功,这样,自信心自然也就增长了。另外,有幽默感的人,才有能力轻松地克服噩运,排除随之而来的倒霉念头。

（4）试着和乐观的同学交往。有悲观心理的青少年就在闲暇时间,多和乐观的人交往,做朋友,观察他们的行为。通过观察培养起你的乐观态度,乐观的火种会慢慢地在你内心点燃。同时,在这个过程中,逐渐地学习他们的思考模式,看待事物的态度等,从而不断地改变自己的认知和心态。而且,和乐观的人在一起,也容易感受到更多的积极乐观情绪,对于从悲观的情绪中走出来,也是大有助益的!另外,还要热心去同别人交往,不要制造人际隔阂。当别人在背后说自己的坏话,或者轻视、怠慢自己时,就要净化自己的诚意,不回避对方,拿出豁达的气度,主动表示友好。这样做是最有利于个人心理健康的方式。

（5）为自己制定一个有意义且可行的目标。为了使自己生活更幸福,努力学习,创造财富。你会为了达到这个目标,而去做更多的事。有的事情不会做,就要认真学习。学习是为了使自己的人生更精彩,学习是为了使自己的人生更有意义。也就是说,青少年在为了能实现这个目标情况下，就会充满信心，而没有精力去想一些消极的事情。另外一点就是，青少年的耐性较差，所以最初的计划要比较易于实现，需要的时间、精力比较少。如果这个过程所需要的时间和精力太多，在你对什么都不感兴趣的情况下，你半途而废的可能性比较大，悲观心理还会滋生。

（6）投身大自然。只要是过星期天或是假日，就让自己投身于大自然的怀抱中。多到外面走走，旅游等。当漫步在林阴大道或是站在山顶呐喊的时候，就会发现心绪突然变了，心中充满了宁静，自然的色彩给人带来阵阵的快意。因为，外界的景物往往会给个体带来宁静和轻松的心情。所以，有悲观心理的青少年平时应该试着离开屋子走向自然，避免消极地生活下去。

18. 学会自我调适

人最基本的情绪就是喜、怒、哀、惧，这些情绪的表现对每个人的认识、意志和个性都有非常重要的影响。所以，好的情绪可以使人乐观向上、处事果断，而且还具有丰富的创造性和灵感。然而，那些不良的情绪就会使人们产生疲劳和烦闷，对身心健康的成长极不利。所以，青少年要学会自我调节情绪，让自己快乐度过每一天。

情绪是自身对客观事物的一种体验和态度。在日常生活中，有些青少年整天休闲自得、快快乐乐，从不知道愁是什么滋味；而有的青少年则经常无精打采，心生自卑总是看不起自己，因此，内心感到孤独和压抑，不愿与别人交往，整天把自己封闭起来。这些不良的情绪严重地影响了青少年的日常生活和学习，使他们的能力不能得到全面的发展。因此，青少年要想维护自己正常的生理和心理的健康，就必须学会自我调节情绪的方法和技巧。

经有关专家研究表明，情绪的变化对人体的机能状态有明显的影响，如心率不平衡、血压过高或过低、呼吸困难、肠胃蠕动、血管紧张收缩、皮肤电阻等，可以这样说，积极的情绪能提高大脑皮层的工作水平，在通过神经生理的机制和机体内外的平衡与协调，就能达到平衡的心态。然而，负面的情绪就严重影响使心理失调及体液分泌紊乱，造成免疫功能下降。所以，当你身心疲惫、期待落空、内心惊慌或失落时，不妨微笑一下，把烦恼放在一边，捡起快乐放入心中，重新评价眼前所面对的事，这样你就会取得意想不到的收获。

让快乐的阳光笼罩心灵

有关心理学家说：正常的情绪反应有助于提高青少年的行为适应能力，同时还具有保健功能；而那些不良的情绪反应会妨碍青少年的身心健康，并导致不良反应。因此，青少年对自己的情绪进行自我调节，以保持良好的心情和情绪状态是很有必要的。所以，青少年必须正确地认识消极情绪对健康带来的危害，然后，找一些适合自己的方法克服消极情绪，并提高自身的情绪调控能力，以一个乐观的心态面对学习和生活中遇到的各种挫折，让快乐的阳光笼罩心灵。

那么青少年应如何调节自己的情绪呢？

（1）青少年要不断地改变自我。青少年有许多憧憬、美好的愿望。在他们的面前有许多增长自身能力的机会。然而，他们在享受稳定、幸福的生活时，总觉得郁闷、无趣、无精打采，这种情况下，如果能主动适当的对稳定的生活做些小的变动，就会有意想不到的新鲜感。例如：把你的卧室稍微调整一下，挂一些你比较喜欢的装饰画，或者到外面交个新朋友，换一新的爱好，你就会有与众不同的感觉。

（2）学会自我控制。自我控制是青少年在成长过程中最重要的个性品质，是衡量自身心理成熟的重要标志。所以，青少年要有坚强的意志，才能很好地控制自己情绪，并克服不良情绪的影响。然而，自身情绪地波动直接影响着你对周围环境关系的洞察，这一点是对自身适应能力的评价,也是对自身弱点的关注。因此,青少年在平时要注意培养自己的克制力,根据自身的实际情况采取一些切实可行的方法来克制自己的情绪,并积极地采取措施进行疏导,根据自身的情况去适应生存的环境。

(3)享受生活中的乐趣。一般健康的兴趣会给人带来快乐,有关专家表明,人一般在无聊的时候最容易感到烦恼和不快乐了,而那些忙碌的人往往是生活得充实而快乐。所以,有兴趣爱好的青少年,在吸取知识的同时也满足了自己好奇心和求知欲望。有些青少年爱钻研难题,因为他们一旦征服了困难在心中就会产生满足感;而有些青少年爱看课外读物,如书刊、杂志、青年文摘等,这些广泛地阅读使他们获得广博的知识,为此他们得到了老师和同学们的赞赏和尊重。对于青少年时期的学生来说,发展一些自己喜欢的兴趣,能使自己获取更多知识,在生活中过得更充实快乐。

(4)神奇的音乐魅力。音乐是生活中的一门艺术,是一种另类的情绪情感的表现方式,那些不同曲调和节奏可以使人们产生不同的情绪体验,在抒情优美的音乐中,会觉得精神振奋,情绪饱满,信心倍增。因此,音乐治疗情绪法是青少年最受欢迎的,因为它具有良好的情绪调节功能。

(5)学会自我欣赏和安慰。没有一种惩罚比自我责备、自我懊悔更为痛苦。青少年要知道在这个世界上没有十全十美的人,但是,每个人都有特长和优点,对于往事耿耿于怀是毫无意义的,因为任何人都没有能力改变过去,重要的是吸取失败的教训,有句话说好:如果你已经错过太阳,就不要再错过星星。如果你遇到了困难和挫折,那么,你不要灰心丧气,你应该欣赏自己的能力。或许你的各方面都并不出众,但是,你的善良、勤奋和认真会让你在心理上找到平衡。你完全有理由欣赏一下生活中真实的你,而且,你会从中找到快乐和满足。

(6)学会合理的自我发泄。情绪上的不愉快如果长期闷在心里,就会影响脑的功能或引起身心疾病,青少年消除不良情绪,最好的方

186

法就是"宣泄"。情绪上的问题只要你把它发泄出来，心情就会舒畅、愉快。青少年要切忌把不良情绪埋藏在心里，"隐藏的忧伤如熄火之炉，能使心烧成灰烬"。如果怒气能适当地发泄出来，那么，紧张的情绪就可得到缓解，心情也会雨过天晴，烟消云散。

（7）做一个幽默大师，幽默与欢笑是情绪的最佳调节剂。青少年要学会保持幽默的态度，即使是在不利的环境中也依然要保持快乐的心境。因为它是给极度恶劣的情绪产生一个缓冲的过程。幽默是智慧和乐观精神的结晶，它不仅可以使人快乐，还会使人发笑，更重要的是可以驱散心中的积郁，让人以平和的心态来面对生活。所以，青少年要培养自己的幽默感，这样就会拥有更多的智慧，从而摆脱不良情绪所带来的尴尬、愤怒和烦恼。

（8）揭露大自然的奥秘。大自然的山清水秀常能震撼人的心灵，所以，当你情绪不佳时，可以去登山、看海或者走进森林，此时你就会感到心胸开阔、有超脱之感，这些奇妙的感觉都是培养良好情绪的诱导剂。

青少年一定要学会自我调适，如果连自己都不觉得会有希望，连自己都不懂得调适自己的心态，那么，你会觉得你的生活永远是黑暗的，你会觉得幸福永远只会和你擦肩而过。所以，首先调适好自己，这样你的未来就会有希望，你的以后一定也会越过越好，越来越顺畅。

19. 播种快乐的种子

播种快乐的使者应该是快乐的，快乐是播下的种子。没有快乐的源泉，如何才能使自己快乐下去？有些青少年，满脸愁苦与忧郁，一副苦瓜脸；有的人，一脸严肃呆板、惺惺作态的假象；有的人，处处得理不饶人的倔样，他们和快乐的人比，不仅活得累，还会处处碰壁。其实快乐就是一种心情，它可以传播，可以感染，还可以收藏，青少年把自己的快乐收藏起来何乐而不为呢？

在生活中学会微笑

微笑是春天里的一缕和风,吹拂过来总叫人感到神清气爽、心旷神怡;微笑是夏日里的一股清泉,流淌而至总使人感到消暑解渴、清爽怡人;微笑是深秋里丰硕的果实,总让人感到在向你颔首致意、笑容可掬;微笑是寒冬里的一轮朝阳,沐浴其中总令人感到温和柔美,暖意融融。

原本一个冷冰冰的人,脸上挂了一丝笑容,你会觉得阳光照到他了;原本正在哭的小孩,脸上挂了一丝笑容,你会觉得他高兴了;原本站在手术室外等待自己亲人的苦恼脸上,挂上了一丝笑容,你会觉得希望来了;原本就不高兴的人,在听了一件不高兴的事情,脸上却还要为了维持基本的礼仪而维持笑容,你就会觉得笑容是多么的美啊……这就是笑容无时无刻记载着人们的心情。

微笑是一种特殊的语言

对老人微笑体现着虔诚的敬意,对孩子微笑饱含着深切的关爱。看见陌生人微笑,你可能会得到同样微笑的回报;碰见老熟人微笑,你定会得到他主动亲切地问候。

境遇低迷时,不妨微笑一下,它可以增添你的智慧和勇气,使你迅速摆脱心中的阴霾,扬起理想和事业的风帆;心情抑郁时,不妨微笑一下,它可以推开你晴朗的心门,让你很快领略风雨过后彩虹的美丽。

微笑能架起人们之间的友谊之桥,能让人们喜欢与你结为朋友。微笑能将贵贱荣辱置之度外,不因功名利禄耿耿于怀。微笑能使自己充满信心,对未来有美好的憧憬。

微笑,是一种特殊的语言,它更是一种感情,充分表达尊重,亲切,友善,快乐的情绪。拨动对方的心弦,沟通人们的心灵,可以创造一种和谐融洽的气氛从而缓解紧张的空气,架起友谊的桥梁,给人以美好的享受,但微笑不只是动动嘴就可产生的,因为没有人喜欢那职业化的微笑,真正的微笑应发自于内心渗透着自己的感情，表里如一，毫无伪装或矫饰的微笑才有感染力才能被视作绿色通行证，畅通无阻。

万笑皆下品，微笑品最高。微笑的神情最入眼，微笑的感觉最美妙。微笑像昆仑山上的一株小草，给万籁俱寂的山峦带来生机，让广阔无边的旷野彰显春意；微笑如珠穆朗玛峰上的一朵雪莲花，给冰雕玉砌的大自然增添活力，让玉树琼花的冰雪世界充满灵气！

我们都说，笑比哭好。但笑的程度不同，寓意也有所不同，其结果更是千差万别。大笑虽然荡气回肠，但心脏不好的人不宜行之；狂笑亦可放浪形骸，无拘无束，但其结果往往走向歇斯底里，使人分不清是笑还是哭；冷笑让人身上疙瘩顿起，那多是奸佞小人的嘴脸，使人避之唯恐不及；媚笑令人心生厌恶，那是吞噬人心的勾魂酒、惑乱心智的迷魂汤。

微笑就像一缕清风，温暖人的心田；微笑就像一片蓝天，放飞人的心情；微笑就像无际草原，开阔人的视野；微笑就像一朵鲜花，镶嵌人的面颊。

其实，微笑并不难，时时想着营造一个好的心情，做一个向上翘的嘴形，再眨一眨弯月般的眼睑就足够了。微笑会让人多一分美丽，多一点自信；微笑会让人多一种气质，多一个机遇。微笑感动着他人，充实着自己，如果人们都试着对他人微笑，生活将顿时别样精彩，世界也会多一份美好。

让微笑在心中流淌

位于美国俄亥俄州的 RMI 公司曾一度生产滑坡，工作效率低下，利润上不去。后来，公司派丹尼尔任总经理，企业很快改变了面貌。丹尼尔的办法很简单，他在工厂里到处贴上这样的标语："如果你看到一个人没有笑容，请把你的笑容分些给他"、"任何事情只有做起来兴致勃勃，才能取得成功"，标语下签了丹尼尔的名字。丹尼尔还把工厂的厂徽改成一张笑脸。平时，丹尼尔总是春风满面，笑着同人打招呼，笑着向工人征询意见，全厂2000名工人的名字他都能叫得出来。在丹尼尔的笑脸管理下，三年后，工厂没有增加任何投资，生产效率却提高了80%。华尔街日报在评论他的笑脸管理时称，这是"纯威士忌＋柔情的口号、感情的交流和充满微笑的混合物"。美国人也把丹尼尔的这个方法叫做"俄亥俄州的笑容"。

我们还会怀疑笑容的力量吗？饱含真诚的笑容，是人间最美的表情。人生岁月中浪费最大的日子是什么？没有笑容的日子。

我们生存在这个大千世界，我们面对这世界的博大与繁忙，偶有苦痛爬满心田，偶有忧虑成为我们前进的路障。但如果我们心若洞箫，微笑就会如歌，伴我们走过世态炎凉。如果我们的情似烈火，快乐就会同我们共度哀伤。把一个大大的笑容置于脸上，那么情也酣畅，意也酣畅。

走过这如梦的日子，以恬淡之心，默默地承诺和接受。心之旅程在历经苦涩和迷茫之时，我们应该留意中途那么多微笑的小花儿，在悄悄地为你开放，送给你一路的喜悦一路的清爽，那是生命的呼唤与等待啊，那是如约而来的欣然与鼓励。

微笑如歌，在我们生活中默默地弹奏着它快乐的音韵；微笑如歌，在我们的生命里悄悄流淌着沸腾的血液；微笑如歌，在我们的心灵中冉冉升起灿烂的花朵。

20. 让微笑伴你成长

你感觉过别人对你的微笑么？心里有什么样的感受呢？微笑，当做一个很细小的动作，给别人无限的温暖，拉近你跟别人之间的距离。让自己会心的一笑，开心的微笑，对自己的心理调节也会起到很大的作用。

微笑让心灵更丰盈，微笑让生命更富有。微笑是一种仪表，一种风度,一种语言,真诚的微笑还给人以尊重、希望、鼓舞、温馨和芬芳。微笑是三月的春风,能将脸上的阴云扫荡;微笑是人间的彩虹能架起友谊的桥梁;微笑是美德的外露;是智慧的展示;微笑更是艺术的符号。

微笑是世界上最动听的语言

微笑是省力的,又是不易的。说它省力,是因为微笑只需动用13块面部肌肉,而皱眉蹙额需要动用47块面部肌肉;说它不易,是因为微笑来自爱心真情,来自宽阔胸襟,需要一定的修养和长期的坚持。所以,学会微笑应该成为青少年成长道路上的一个必修课。

可以说,微笑是世界上最美的行为语言,虽然无声,但最能打动人。在青少年成长的道路上,必不可少的一件东西就是微笑,也唯有微笑能够化解人与人之间的仇恨。所谓一笑解千仇,说的就是这个道理,所以青少年应该学会微笑,因为也只有微笑才会让人感觉到温暖。

世界上有上千种不同的语言,唯有微笑没有国度,它可以瞬间表达你的热情、友好和善意。当你一个人独处时笑了,那是真心的笑!生活中要用真心的微笑面对周围的每一个人,然后自己就会变得更加自信和受欢迎。所以不论什么时候,微笑永远都是世界上最动听的语言。他的力量可以达到无极限。

记得有位哲人曾经这样说过,微笑是一个人最美的神态;长得再丑的人,只要一露出真诚的笑容,就会一下子变得漂亮起来。回眸一笑百媚生,六宫粉黛无颜色!说的恐怕就是这个道理。微笑与我们的生活息息相关。说微笑是高级营养霜,涂抹在脸上,我们便会愈加美丽动人;微笑是清凉的山泉水,滋润了你的心田,平静了别人的火气。微笑于朋友,是心与心的沟通;微笑于陌生人,是点与点的缩短;微笑于亲人,是贴心的关爱;微笑于敌人,是自信的回击。

微笑是一种内在的气质,气质来源于个人的文化底蕴和修养;微笑是一种超然的境界,境界需要生活的历练和真心的体味。喧嚣尘世,繁忙的工作,疲惫的生活,受约束的是身体,不受约束的是心灵,只要你的心情是晴朗无云的,你的人生就没有阴暗寒冷。其实,这一切都只要一个会心的微笑就够了。其实青少年更应该学会对生活中的每一个人微笑。

日本保险业的推销之神原一平身材矮小,其貌不扬,他成功的秘诀就是他的笑,据说他会三十八种笑,其中最为之称道的是他那婴儿般纯真的笑,最能打动人心。麦当劳的老板则认为:"笑容是最有价值的商品之一。"微笑是展现服务行业综合素质和品位重要的元素。

而对于青少年来说,在所有的交际语言中,微笑也是最有感染力的,微笑是放之四海而皆准的"人际交往的高招"。因为往往一个人微笑能很快缩短你与他人间的距离,表达出你的善意、愉悦,给人春风般的温暖。一个微笑,邻座的人就可能成为自己的朋友。笑暖人心,又能体谅家庭快乐,建立人与人之间的好感。微笑使疲倦者休息,拘束者轻松,悲哀者节哀,就像一种情绪的调和剂,更是人际关系的润滑剂。

微笑是一种气质,气质得益于修养;微笑是一种境界,境界需要磨练。喧嚣尘世,繁忙生活,受约束的是生命,不受约束的是心情,只要你的心情是明亮晴朗的,人生就没有阴天。对于青少年来说,更应该给生活一个真诚的微笑!微笑与我们的生活息息相关,却没有多少人真正去重视;微笑其实很简单,但并不是人人都能做到。

微笑是护肤霜,涂在脸上,我们便愈加美丽动人;微笑是山泉水,流过心田,使我们倍感温馨和感动。微笑于朋友,是心灵的默契;微笑于陌生人,是距离的缩短;微笑于亲人,是感情的营养品;微笑于敌人,是强有力的杀伤武器。所以青少年一定要学会微笑,微笑可以表现出你的大度,可以表现出你的涵养。

学会微笑,让快乐在生活中漫延

美国著名企业家卡耐基说:"笑容能照亮所有看到它的人,像穿过乌云的太阳,带给人们温暖。"可以说微笑的力量是巨大的。微笑是人际关系中最佳的"润滑剂",无须解释,就能拉近人们之间的心理距离。

微笑是人类面孔上最动人的一种表情,是社会生活中美好而无声的语言,她来源于心地的善良、宽容和无私,表现的是一种坦荡和大度。微笑是成功者的自信,是失败者的坚强;微笑是人际关系的粘合剂,也是化敌为友的一剂良方。微笑是对别人的尊重,也是对爱心和诚心的一种礼赞。

人人都渴望别人对自己微笑。尤其身在异乡为异客者,更觉得别人给自己友善的微笑是一轮冬日的太阳,一缕夏日的清风。然而生活中能领略到这道风景的并不多,我们应当学会微笑。青少年学会微笑,就会从内心深处感觉到快乐,在这样微笑轻松的环境中努力让自己变成一个无限接近完美的人。

当人们遇到挫折、心情不佳时,最想看到的就是微笑,最想得到的就是温情。尤其是对青少年来说,在遇到了困难或者挫折的时候,最需要的是一个真诚的微笑。因为微笑如同伸出的温暖的手,能帮助他们走出痛苦的泥潭,能起到化干戈为玉帛的神奇作用。所以只要学会了对自己微笑,就学会了热爱生活;学会了对别人微笑,就学会了珍惜美好;学会了对一切生命微笑,你的人生便处处充满阳光!

莎士比亚曾说:"如果你一天中没有笑一笑,那你这一天就算是白活了。"美国一位心理学家也认为:"会不会笑,是衡量一个人能否对周围环境适应的尺度。"这就说明真诚的微笑能够感染周围的人。微笑是"良药",微笑是健康的"通行证"。作为青少年,不妨笑口常开,用微笑去调节紧张的情绪,让他人从我们甜美真诚的微笑中获得轻松和愉悦。所以我们每个人都要学会微笑。

（1）我们要笑得自然。微笑是发自内心的,是美好心灵的外观。这样才能笑得自然,笑得亲切,笑得美好、得体。要注意不能为笑而笑，没笑装笑。学会在陌生的环境里微笑，首先是一种心理的放松和坦然。对待陌生人，我们该多一些真诚和友善。而我们学会了微笑，你的笑脸、他的笑脸、所有人的笑脸尽管依旧"陌生"，依旧要擦肩而过，但我们的内心却再不会疲惫和紧张，我们的心里也变得轻松而愉快。人与人之间虽无言但很默契，我们在陌生的环境里感到的不再是陌生与冰冷，而是融洽和温暖。学会微笑，你就学会了怎样在陌生人之间架一座友谊之桥，也掌握了一把开启陌生人心扉的金钥匙。

（2）要笑得真诚。微笑既是自己愉快心情的外露，也是纯真之间情的奉送。真诚的微笑让对方内心产生温暖，有时候还可能引起对方的共鸣，使之陶醉在欢乐之中，加深双方的友情。学会微笑，因为微笑是交往最好的良方。在交往中微笑，在微笑中交往，微笑为交往助兴，交往为微笑生辉。学会微笑，因为只要你对人微笑，一定会有好的回报。对人微笑，微笑在脸上，微笑在心中，微笑出好心情，微笑出好氛围，微笑出好的结果。

（3）要笑在合适的场合。微笑并不是不讲条件的，也并不是可以用于一切交际环境。它的运用是很讲究的。当你面带笑容时，你的心情不会差到哪里去。当你面对一个笑容满面的人时，你也很难不对他报以微笑。微笑使人觉得自己受到欢迎、心情舒畅，但对人微笑也要看场合，否则就会适得其反。

学会微笑，因为微笑是一种无声的微笑。无声的微笑，笑逐颜开；无声的微笑，喜形于色；无声的微笑，喜上眉梢；无声的微笑，胜过千言万语。这是一种无声的语言，此时无声胜有声。学会微笑，因为一个微笑，可以给人以亲切的感觉。不论你们过去是否相识，只要给人以微笑，一定会立即得到他人的微笑。在微笑的对视中，双方走得更近；在微笑的对视中，他人也得到了亲切的感觉。

（4）微笑的程度要合适。微笑是向对方表示一种礼节和尊重。但是如果不注意程度，微笑得放肆、过分、没有节制，就会让人有不舒服的感觉，引起对方的反感。学会微笑，因为一个微笑，可以化解双方的矛盾。在工作中与他人产生了矛盾，只要你敢于对他人报以微笑，矛盾很快就可以化解。微笑是一剂良方，微笑更是一针化解剂。

（5）微笑的对象要合适。对不同的交际对象，应使不同含义的微笑，传达不同的感情。学会微笑，因为一次谈话从微笑开始，可以开启尘封的心灵。对于性格孤僻的人，如果你能立即给予微笑，他也会学着微笑；如果你能在微笑中与他促膝谈心，一定可以窥视他的心灵。

对于青少年来说，学会微笑，因为一次交流从微笑开始，可以营造和谐的氛围。在交流中，首先带头微笑，一定能带动他人微笑；在交流中，大家都微笑，气氛一定会和谐、美好。没有照耀万物的太阳，便没有芸芸众生的生机勃勃；没有源自内心的真诚微笑，便没有世间汩汩流动的温情。虽然，我们是哭着来到这个世上的，但是，我们应该微笑着面对人生。对于青少年来说，更应该学会微笑。

21. 笑对失败，守望成功

在自然界中，人的生命是脆弱的，但一次失败并不等于自己是一位失败者、不等于自己比别人差、不等于命运对自己不公、不等于自己一无是处、不等于自己浪费了时间和生命、不等于自己是一个不知灵活性的人，那只能说明自己暂时还没有成功，微笑着面对失败，在失败中感悟成功的真谛，等待成功的光环照耀自己，因为"心若在，梦就在"！

笑对失败是一种境界

其实，"失败"绝对不是一个令人心旷神怡的字眼，每个人都在极力避免这样的结局。在万人比赛中，成功者如果只能有一个的话，那闪烁着金光的桂冠如果只能为一人所拥有，那么他们必定会竭尽所能。

生活在这个世界上的人，没有一个人不想要成功，但是大千世界，芸芸众生，想要获得成功岂是一件容易的事情，谁不想做万人之上备受注目的赢家？又有谁甘愿被奴役，被歧视，被轻蔑，被嘲笑？没有人注定会成功，也没有人注定要失败，一切全靠个人的意念。于是在激烈的竞争中，欲望在增加，弱者肉，强者食。成功就像一块已经饱和了的海绵，一旦有水分进入就一定会有水分在反方向被挤出。现实就是如此残酷，你能接受也好，不能接受也罢。现实就是如此，关键在于你自己如何对待。

大部分的人在失败之后，不愿接受已定的事实，他们选择放弃来逃避。有人放弃高贵的名誉，来换取不再受约束的自由；有人抛弃庞大的利益，换取清静淡泊的生活；有人抛弃权威的官职，换取无需忍受风言风语的日子；有人选择放弃自己的生命，来换取不再烦恼身心平静的解脱。

这些人太过脆弱，脆弱到不敢正面对待失败，脆弱到轻易抛弃比成功更珍贵的东西。他们不懂得，"千古兴亡不改江河带砺，成王败寇铿锵快意恩仇"的道理。纵观古今，每一个英雄的一生都不平凡，一代英雄必因曾经的失败造就今日的辉煌，一代枭雄必因过去的失意激起今日的斗志。这些人不懂得，即使逃避，即使哭泣也无法改变已经成为事实的东西，他们不懂逃避和哭泣不可以扭转失败。最好的办法是微笑面对它，接受它，了解它，剖析它，从而战胜它。其实，失败并不可怕，可怕的是拒绝接受面对它的机会。

德国艺术家安格尔曾经说过："一个人可以被打倒，但不可以被打垮。"失败时不要灰心，微笑着去面对，要知道自己离成功又近了一步，所有坚忍不拔的努力迟早会得到回报。正如我们在备战高考的路途中一样，尽管我们会被挫折和失败一次次打倒，一次次的被压下，一百次倒下，只要我们心中有信念，就能一百零一次站起来，把辛酸的微笑留给昨日，用坚强的毅力和信念赢得最后的胜利。摔倒了，站起来，调整心态，明天又是一个崭新的自我。

我们的生活中必定会避免不了失败，就如同那成功不会只临幸一个人一样。成功能给我们带来了欢乐和收获，而失败却能给我们带来了经验和教训，让我们品尝百味人生。只要真心地为之付出为之奋斗努力过，那么即使失败了也是一种成功，失败要比成功更加可贵。失败之后，勇于笑对失败，懂得将失败化为前进的动力。在失败中，去学会成长。

成功者纵然令人羡慕，而笑着认真面对失败的人却比那些成功者更加可歌可颂。

失败已经来临，成功不再遥远

"天有不测风云，人有旦夕祸福"，没有人能承诺我们的一生永远风和日丽；没有人能预知草丛中是否隐藏着毒蛇猛兽；更没有人能勾勒出成败的前行图，那么当我们遇到挫折失败，陷入困境时，我们应该学会笑对人生，笑对失败。

笑，是一种宽容；是一种豁达；是失败者对胜利的渴望；是追求者获得成功的喜悦。

19 世纪法国伟大的批判现实主义作家巴尔扎克曾说过："苦难对于天才是块垫脚石，对能干的人是财富，对弱者是一个万丈深渊。"我们不做生活的弱者，要做生活的强者，将挫折、失败作为对自己的激励，每天都保持乐观向上的精神；只有笑对人生，笑对失败，相信失败的下一步就是成功。

"不经历风雨，怎么见彩虹，没有人随随便便成功。"一句耳熟能详的老歌，如果想要成为生活中的强者，就应该能在遭受挫折、失败后，抱以乐观的心态，坚定的信念，积极进取，这才是真正的成功；如果遭受挫折、失败，就悲观失望，灰心丧志，不思进取，那才是真正的失败，才是我们最大的不幸。

古人有云："胜败兵家事不期，包羞忍耻是男儿。江东子弟多才俊，卷土重来未可知。"

我们要像古人一样面对失败"卷土重来"。我们遭受到挫折时不应该气馁，要微笑着打败它，战胜它。换个角度去思考，其实失败对我们来讲未必就完全是一个厄运，也许它倒是磨练我们意志的一块绝佳的砺石呢！大千世界，芸芸众生，有谁又是常胜将军呢？

众所周知，爱因斯坦一生当中有那么多的重大发现。但没有人去关心他成功的背后经历了多少艰难挫折和失败呢？他在很长时间里没有人知道他会是一个天才，甚至还有人认为他是个笨小孩。他是在经历了无数次的挫折和失败之后才成为伟大的科学家的。他为什么能成功？因为他微笑着把失败当作成功的"阶梯"。只要拥有这样的心态，我们就应该享受失败，感谢失败，迎接失败过后成功那耀眼的一刻。

纵然我们失败了，你要学会微笑着去面对它。面对失败，微笑着面对它，相信微笑的力量可以战胜一切。举一个真实的事例来说吧：一位英国的著名学者，他的文章很受读者们欢迎。当然不可能每一个人都能欣赏，也有人反对，一天，他到公园散步恰巧遇到了一位反对他的同行挡在他的前面，那人趾高气扬地抬着头大声地说到："我从不给傻子让路。"可这位学者听后不但没有生气反而却给那人深鞠一躬，让到小路的一旁，微笑着说："而我却恰恰相反。"最后，那个人飞快地离开了公园。这就是微笑的力量，睿智和理智的微笑。

失败是生命中最应该品尝的滋味，害怕失败的人是懦弱的，失败不可怕，真正可怕的是我们失去了承受失败的勇气，当我们面对失败时让我们坦然微笑吧！